Lösungen zum Lehrbuch Finance

Enzo Mondello

Lösungen zum Lehrbuch Finance

Theorie und Anwendungsbeispiele

Springer Gabler

Enzo Mondello
Risch, Schweiz

ISBN 978-3-658-17923-6   ISBN 978-3-658-17924-3 (eBook)
DOI 10.1007/978-3-658-17924-3

Die Deutsche Nationalbibliothek verzeichnet diese Publikation in der Deutschen Nationalbibliografie; detaillierte bibliografische Daten sind im Internet über http://dnb.d-nb.de abrufbar.

Springer Gabler
© Springer Fachmedien Wiesbaden GmbH 2017
Das Werk einschließlich aller seiner Teile ist urheberrechtlich geschützt. Jede Verwertung, die nicht ausdrücklich vom Urheberrechtsgesetz zugelassen ist, bedarf der vorherigen Zustimmung des Verlags. Das gilt insbesondere für Vervielfältigungen, Bearbeitungen, Übersetzungen, Mikroverfilmungen und die Einspeicherung und Verarbeitung in elektronischen Systemen.
Die Wiedergabe von Gebrauchsnamen, Handelsnamen, Warenbezeichnungen usw. in diesem Werk berechtigt auch ohne besondere Kennzeichnung nicht zu der Annahme, dass solche Namen im Sinne der Warenzeichen- und Markenschutz-Gesetzgebung als frei zu betrachten wären und daher von jedermann benutzt werden dürften. Der Verlag, die Autoren und die Herausgeber gehen davon aus, dass die Angaben und Informationen in diesem Werk zum Zeitpunkt der Veröffentlichung vollständig und korrekt sind. Weder der Verlag noch die Autoren oder die Herausgeber übernehmen, ausdrücklich oder implizit, Gewähr für den Inhalt des Werkes, etwaige Fehler oder Äußerungen. Der Verlag bleibt im Hinblick auf geografische Zuordnungen und Gebietsbezeichnungen in veröffentlichten Karten und Institutionsadressen neutral.

Gedruckt auf säurefreiem und chlorfrei gebleichtem Papier.

Springer Gabler ist Teil von Springer Nature
Die eingetragene Gesellschaft ist Springer Fachmedien Wiesbaden GmbH
Die Anschrift der Gesellschaft ist: Abraham-Lincoln-Str. 46, 65189 Wiesbaden, Germany

Vorwort

Das vorliegende Lösungsbuch ist eine hilfreiche Ergänzung zum Lehrbuch „Finance: Theorie und Anwendungsbeispiele". Es enthält die Lösungen zu den am Ende der jeweiligen Kapitel aufgeführten Aufgaben aus dem Lehrbuch. Die Lösungen zu den einzelnen Themenbereichen sind übersichtlich und nachvollziehbar dargestellt und helfen der Leserin bzw. dem Leser, einen leicht verständlichen Zugang zu den dargestellten finanzmarkttheoretischen Konzepten zu bekommen. Die Bearbeitung der Aufgaben unterstützt den Lernprozess und sichert den persönlichen Lernerfolg.

Risch, im Juli 2017   Dr. Enzo Mondello

Standardnormalverteilungstabelle

Standardnormalverteilung
kumulierte Wahrscheinlichkeiten

$\mu = 0$ und $\sigma = 1$

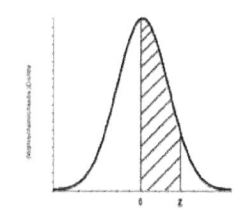

z	0.00	0.01	0.02	0.03	0.04	0.05	0.06	0.07	0.08	0.09
0.0	0.0000	0.0040	0.0080	0.0120	0.0160	0.0199	0.0239	0.0279	0.0319	0.0359
0.1	0.0398	0.0438	0.0478	0.0517	0.0557	0.0596	0.0636	0.0675	0.0714	0.0753
0.2	0.0793	0.0832	0.0871	0.0910	0.0948	0.0987	0.1026	0.1064	0.1103	0.1141
0.3	0.1179	0.1217	0.1255	0.1293	0.1331	0.1368	0.1406	0.1443	0.1480	0.1517
0.4	0.1554	0.1591	0.1628	0.1664	0.1700	0.1736	0.1772	0.1808	0.1844	0.1879
0.5	0.1915	0.1950	0.1985	0.2019	0.2054	0.2088	0.2123	0.2157	0.2190	0.2224
0.6	0.2257	0.2291	0.2324	0.2357	0.2389	0.2422	0.2454	0.2486	0.2517	0.2549
0.7	0.2580	0.2611	0.2642	0.2673	0.2704	0.2734	0.2764	0.2794	0.2823	0.2852
0.8	0.2881	0.2910	0.2939	0.2967	0.2995	0.3023	0.3051	0.3078	0.3106	0.3133
0.9	0.3159	0.3186	0.3212	0.3238	0.3264	0.3289	0.3315	0.3340	0.3365	0.3389
1.0	0.3413	0.3438	0.3461	0.3485	0.3508	0.3531	0.3554	0.3577	0.3599	0.3621
1.1	0.3643	0.3665	0.3686	0.3708	0.3729	0.3749	0.3770	0.3790	0.3810	0.3830
1.2	0.3849	0.3869	0.3888	0.3907	0.3925	0.3944	0.3962	0.3980	0.3997	0.4015
1.3	0.4032	0.4049	0.4066	0.4082	0.4099	0.4115	0.4131	0.4147	0.4162	0.4177
1.4	0.4192	0.4207	0.4222	0.4236	0.4251	0.4265	0.4279	0.4292	0.4306	0.4319
1.5	0.4332	0.4345	0.4357	0.4370	0.4382	0.4394	0.4406	0.4418	0.4429	0.4441
1.6	0.4452	0.4463	0.4474	0.4484	0.4495	0.4505	0.4515	0.4525	0.4535	0.4545
1.7	0.4554	0.4564	0.4573	0.4582	0.4591	0.4599	0.4608	0.4616	0.4625	0.4633
1.8	0.4641	0.4649	0.4656	0.4664	0.4671	0.4678	0.4686	0.4693	0.4699	0.4706
1.9	0.4713	0.4719	0.4726	0.4732	0.4738	0.4744	0.4750	0.4756	0.4761	0.4767
2.0	0.4772	0.4778	0.4783	0.4788	0.4793	0.4798	0.4803	0.4808	0.4812	0.4817
2.1	0.4821	0.4826	0.4830	0.4834	0.4838	0.4842	0.4846	0.4850	0.4854	0.4857
2.2	0.4861	0.4864	0.4868	0.4871	0.4875	0.4878	0.4881	0.4884	0.4887	0.4890
2.3	0.4893	0.4896	0.4898	0.4901	0.4904	0.4906	0.4909	0.4911	0.4913	0.4916
2.4	0.4918	0.4920	0.4922	0.4925	0.4927	0.4929	0.4931	0.4932	0.4934	0.4936
2.5	0.4938	0.4940	0.4941	0.4943	0.4945	0.4946	0.4948	0.4949	0.4951	0.4952
2.6	0.4953	0.4955	0.4956	0.4957	0.4959	0.4960	0.4961	0.4962	0.4963	0.4964
2.7	0.4965	0.4966	0.4967	0.4968	0.4969	0.4970	0.4971	0.4972	0.4973	0.4974
2.8	0.4974	0.4975	0.4976	0.4977	0.4977	0.4978	0.4979	0.4979	0.4980	0.4981
2.9	0.4981	0.4982	0.4982	0.4983	0.4984	0.4984	0.4985	0.4985	0.4986	0.4986
3.0	0.4987	0.4987	0.4987	0.4988	0.4988	0.4989	0.4989	0.4989	0.4990	0.4990
3.1	0.4990	0.4991	0.4991	0.4991	0.4992	0.4992	0.4992	0.4992	0.4993	0.4993
3.2	0.4993	0.4993	0.4994	0.4994	0.4994	0.4994	0.4994	0.4995	0.4995	0.4995
3.3	0.4995	0.4995	0.4995	0.4996	0.4996	0.4996	0.4996	0.4996	0.4996	0.4997
3.4	0.4997	0.4997	0.4997	0.4997	0.4997	0.4997	0.4997	0.4997	0.4997	0.4998
3.5	0.4998	0.4998	0.4998	0.4998	0.4998	0.4998	0.4998	0.4998	0.4998	0.4998

Inhaltsverzeichnis

Portfoliotheorie

Lösungen zu Kapitel 2 „Rendite, Risiko und Markteffizienz" 3

Lösungen zu Kapitel 3 „Optimales Portfolio" 13

Lösungen zu Kapitel 4 „Einfaktormodelle" 29

Lösungen zu Kapitel 5 „Multifaktorenmodelle" 37

Aktien

Lösungen zu Kapitel 6 „Aktienanalyse" 45

Lösungen zu Kapitel 7 „Aktienbewertung" 49

Anleihen

Lösungen zu Kapitel 8 „Anleihen: Grundlagen" 59

Lösungen zu Kapitel 9 „Preis- und Renditeberechnung
von optionsfreien Anleihen" 63

Lösungen zu Kapitel 10 „Risikoanalyse von Anleihen" 71

Lösungen zu Kapitel 11 „Preisberechnung von Anleihen
mit eingebetteten Optionen" 81

Finanzderivate und Risikomanagement

Lösungen zu Kapitel 12 „Finanzderivate: Grundlagen" 103

Lösungen zu Kapitel 13 „Forwards und Futures" 111

Lösungen zu Kapitel 14 „Swaps" 121

Lösungen zu Kapitel 15 „Optionen" 137

Portfoliomanagement

Lösungen zu Kapitel 16 „Portfoliomanagementprozess" 155

Lösungen zu Kapitel 17 „Passives, aktives und semiaktives
    Portfoliomanagement" 161

Portfoliotheorie

Lösungen zu Kapitel 2 „Rendite, Risiko und Markteffizienz"

Aufgabe 1

$$\text{Anlagerendite} = \frac{(\text{EUR } 30 - \text{EUR } 25) + \text{EUR } 5}{\text{EUR } 25} = 40\,\%$$

Dabei betragen die Kapitalrendite 20 % [= (EUR 30 − EUR 25)/EUR 25] und die Dividendenrendite 20 % (= EUR 5/EUR 25).

$$\text{Anlagerendite} = \text{Kapitalrendite} + \text{Dividendenrendite}$$
$$= 20\,\% + 20\,\% = 40\,\%$$

Aufgabe 2

a) Die 4-jährige Anlagerendite beläuft sich auf 3,42 %:

$$\text{Anlagerendite} = [(1{,}12) \times (0{,}76) \times (1{,}35) \times (0{,}90)] - 1 = 0{,}0342 = 3{,}42\,\%.$$

b)

$$\text{jährliche arithmetische Rendite} = \frac{12\,\% + (-24\,\%) + 35\,\% + (-10\,\%)}{4} = 0{,}00325 = 3{,}25\,\%$$

c)

$$\text{jährliche geometrische Rendite} =$$
$$[(1{,}12) \times (0{,}76) \times (1{,}35) \times (0{,}90)]^{1/4} - 1 = 0{,}0084 = 0{,}84\,\%$$

© Springer Fachmedien Wiesbaden GmbH 2017
E. Mondello, *Lösungen zum Lehrbuch Finance*, DOI 10.1007/978-3-658-17924-3_1

Aufgabe 3

Die jährlichen Renditen der vier Anlagefonds können wie folgt berechnet werden:

$$\text{Jährliche Rendite von Delta} = (1{,}0352)^{365/78} - 1 = 17{,}57\,\%\,,$$

$$\text{jährliche Rendite von Gamma} = (1{,}0458)^{365/136} - 1 = 12{,}77\,\%\,,$$

$$\text{jährliche Rendite von Vega} = (1{,}0481)^{52/18} - 1 = 14{,}54\,\%\,,$$

$$\text{jährliche Rendite von Rho} = (1{,}2044)^{12/14} - 1 = 17{,}28\,\%\,.$$

Die höchste jährliche Rendite von 17,57 % weist der Anlagefonds von Delta auf.

Aufgabe 4

a)

$$\text{reale Rendite bei Aktien} = \left(\frac{1{,}095}{1{,}013}\right) - 1 = 8{,}1\,\%$$

$$\text{reale Rendite bei Anleihen} = \left(\frac{1{,}044}{1{,}013}\right) - 1 = 3{,}06\,\%$$

b)

$$\text{Risikoprämie von Aktien} = \left(\frac{1{,}095}{1{,}021}\right) - 1 = 7{,}25\,\%$$

$$\text{Risikoprämie von Anleihen} = \left(\frac{1{,}044}{1{,}021}\right) - 1 = 2{,}25\,\%$$

c) **Aktien**

$$\text{nominale Rendite nach Steuern} = 9{,}5\,\% \times (1 - 0{,}30) = 6{,}65\,\%$$

$$\text{reale Rendite nach Steuern} = \left(\frac{1{,}0665}{1{,}013}\right) - 1 = 5{,}28\,\%$$

Anleihen

$$\text{nominale Rendite nach Steuern} = 4{,}4\,\% \times (1 - 0{,}30) = 3{,}08\,\%$$

$$\text{reale Rendite nach Steuern} = \left(\frac{1{,}0308}{1{,}013}\right) - 1 = 1{,}76\,\%$$

Aufgabe 5

a) Zunächst ist der Wert der Anlage am Ende des 8. Jahres von CHF 2.942.615 zu berechnen:

$$\begin{aligned}
\text{Wert am Ende des 1. Jahres} &= \text{CHF } 1.000.000 \times 1{,}08 + \text{CHF } 1.000.000 \\
&= \text{CHF } 2.080.000\,, \\
\text{Wert am Ende des 3. Jahres} &= \text{CHF } 2.080.000 \times 1{,}12 \times 0{,}96 - \text{CHF } 500.000 \\
&= \text{CHF } 1.736.416\,, \\
\text{Wert am Ende des 6. Jahres} &= \text{CHF } 1.736.416 \times 1{,}16 \times 0{,}92 \times 1{,}12 \\
&\quad + \text{CHF } 1.000.000 = \text{CHF } 3.075.476\,, \\
\text{Wert am Ende des 8. Jahres} &= \text{CHF } 3.075.476 \times 1{,}04 \times 0{,}92 \\
&= \text{CHF } 2.942.615\,.
\end{aligned}$$

Für die Bestimmung der geldgewichteten Rendite bzw. der IRR werden aus der Sicht des Investors die Geldzuflüsse als positive Cashflows behandelt, während die Geldabflüsse negative Cashflows darstellen. Die jährlichen Cashflows des Portfolios (aus Kundensicht) können wie folgt aufgeführt werden (in CHF):

$$\begin{aligned}
\text{Cashflow } 0 &= -1.000.000\,, \\
\text{Cashflow } 1 &= -1.000.000\,, \\
\text{Cashflow } 2 &= 0\,, \\
\text{Cashflow } 3 &= 500.000\,, \\
\text{Cashflow } 4 &= 0\,, \\
\text{Cashflow } 5 &= 0\,, \\
\text{Cashflow } 6 &= -1.000.000\,, \\
\text{Cashflow } 7 &= 0\,, \\
\text{Cashflow } 8 &= 2.942.615\,.
\end{aligned}$$

$$0 = -1.000.000 + \frac{-1.000.000}{(1+\text{IRR})^1} + \frac{500.000}{(1+\text{IRR})^3} + \frac{-1.000.000}{(1+\text{IRR})^6} + \frac{2.942.615}{(1+\text{IRR})^8}\,.$$

Die geldgewichtete Rendite bzw. die IRR dieser Geldströme beträgt 2,796 %.
Die geometrische Rendite berücksichtigt den Verzinsungseffekt und unterstellt, dass sich das angelegte Vermögen von CHF 1.000.000 während der Anlagedauer nicht verändert (Kaufen-und-Halten-Strategie). Sie liegt bei 3,61 %:

Geometrische Rendite =
$[(1{,}08) \times (1{,}12) \times (0{,}96) \times (1{,}16) \times (0{,}92) \times (1{,}12) \times (1{,}04) \times (0{,}92)]^{1/8} - 1$
$= 3{,}61\%\,.$

b) Bei der geldgewichteten Rendite von 2,796 % wird einerseits die Performance des Portfoliomanagers und andererseits die Entscheidung des Investors hinsichtlich Geldzufluss und -abfluss im Portfolio gemessen. Demgegenüber berücksichtigt die geometrische Rendite von 3,61 % nur den Erfolg des Portfoliomanagers und stellt daher die bessere Performancegröße dar, um die Arbeit des Managers (unabhängig von den Entscheidungen des Investors) beurteilen zu können.

Die geldgewichtete Rendite ist rund 0,81 % niedriger als die geometrische Rendite. Diese Differenz bedeutet, dass die Entscheidungen des Kunden die Portfoliorendite negativ beeinflusst haben. Bei einer Kaufen-und-Halten-Strategie wäre die Rendite um 0,81 % größer ausgefallen. Um eine höhere geldgewichtete Rendite im Vergleich zur geometrischen Rendite zu erzielen, muss bei einer Geldeinzahlung eine positive Portfoliorendite in der Folgeperiode eintreten, ansonsten ist die geldgewichtete Rendite niedriger.

Kontrolliert hingegen der Portfoliomanager die Geldbewegungen, ist es sinnvoll, die geldgewichtete Rendite und nicht die geometrische Rendite für die Bestimmung der Performance zu verwenden.

Aufgabe 6

a) Zuerst ist die erwartete stetige Rendite zu ermitteln:

$$\text{Erwartete stetige Rendite} = \frac{0{,}12 + (-0{,}24) + 0{,}35 + (-0{,}10)}{4} = 3{,}25\,\%\ .$$

Die durchschnittliche Abweichung der stetigen Renditen beträgt 0 % und berechnet sich wie folgt:

$$\text{Durchschnittliche Abweichung der Renditen} = \frac{1}{T}\sum_{t=1}^{T}(r_{s,t} - \overline{r_s})$$

$$= \frac{1}{4} \times [(0{,}12 - 0{,}0325) + (-0{,}24 - 0{,}0325) + (0{,}35 - 0{,}0325)$$
$$+ (-0{,}10 - 0{,}0325)] = 0\ .$$

b)

$$\text{absolute durchschnittliche Abweichung der Renditen} = \frac{1}{T}\sum_{t=1}^{T}|r_{s,t} - \overline{r_s}|$$

$$= \frac{1}{4} \times [|0{,}12 - 0{,}0325| + |-0{,}24 - 0{,}0325| + |0{,}35 - 0{,}0325| + |-0{,}10$$
$$-0{,}0325|] = 0{,}2025$$

Die absolute durchschnittliche Abweichung der stetigen Renditen beträgt 20,25 %.

1 Lösungen zu Kapitel 2 „Rendite, Risiko und Markteffizienz"

c)

$$\text{Standardabweichung der stetigen Renditen} = \sqrt{\frac{1}{T} \sum_{t=1}^{T} (r_{s,t} - \bar{r}_s)^2}$$

$$= \sqrt{\frac{1}{4} \times \left[(0{,}12 - 0{,}0325)^2 + (-0{,}24 - 0{,}0325)^2 + (0{,}35 - 0{,}0325)^2 + (-0{,}10 - 0{,}0325)^2 \right]}$$

$$= 0{,}2238$$

Standardabweichung der einfachen Renditen $= e^{\sigma_{\text{stetig}}} - 1 = e^{0{,}2238} - 1 = 0{,}2508$

Die Standardabweichung der stetigen Renditen beläuft sich auf 22,38 %, während die Standardabweichung der einfachen Renditen bei 25,08 % liegt.

Aufgabe 7

Es besteht eine Wahrscheinlichkeit von 95 %, dass die Bank auf dem Handelsportfolio nicht mehr als EUR 25 Mio. innerhalb 1 Tages verliert (maximaler VAR).

Es besteht eine Wahrscheinlichkeit von 5 %, dass das Finanzinstitut auf dem Handelsportfolio mehr als EUR 25 Mio. innerhalb 1 Tages verliert (minimaler VAR).

Aufgabe 8
a)

$$1\,\%\text{-VAR}_{\text{absolut}} = -0{,}25 \times \text{EUR 25 Mio.} = -\text{EUR 6{,}25 Mio.}$$

b) Bei einer kumulierten Wahrscheinlichkeit von 5 % liegen die Portfoliorenditen zwischen $-20\,\%$ und $-12\,\%$. Daher beträgt der prozentuale VAR $-12\,\%$, während sich der absolute VAR auf EUR 3 Mio. beläuft.

$$5\,\%\text{-VAR}_{\text{absolut}} = -0{,}12 \times \text{EUR 25 Mio.} = -\text{EUR 3 Mio.}$$

Aufgabe 9
a)

$$5\,\%\text{-VAR}_{\text{absolut}} = 0{,}08 \times \text{CHF 2.000.000} + (-1{,}65) \times 0{,}25 \times \text{CHF 2.000.000}$$
$$= -\text{CHF 665.000}$$

Mit einer Wahrscheinlichkeit von 5 % erwartet man für das nächste Jahr einen höheren Verlust als CHF 665.000.

b)

$$\text{erwartete monatliche Rendite} = \frac{0{,}08}{12 \text{ Monate}} = 0{,}00667$$

$$\text{Volatilität der monatlichen Renditen} = \frac{0{,}25}{\sqrt{12 \text{ Monate}}} = 0{,}07217$$

$$5\%\text{-VAR}_{absolut} = 0{,}00667 \times \text{CHF } 2.000.000 + (-1{,}65)$$
$$\times 0{,}07217 \times \text{CHF } 2.000.000$$
$$= -\text{CHF } 224.821$$

Mit einer Wahrscheinlichkeit von 5 % erwartet man einen höheren Verlust als CHF 224.821 im nächsten Monat.

c)

$$\text{erwartete wöchentliche Rendite} = \frac{0{,}08}{52 \text{ Wochen}} = 0{,}00154$$

$$\text{Volatilität der wöchentlichen Renditen} = \frac{0{,}25}{\sqrt{52 \text{ Wochen}}} = 0{,}03467$$

$$2{,}5\%\text{-VAR}_{absolut} = 0{,}00154 \times \text{CHF } 2.000.000 + (-1{,}96)$$
$$\times 0{,}03467 \times \text{CHF } 2.000.000$$
$$= -\text{CHF } 132.826$$

Mit einer Wahrscheinlichkeit von 2,5 % erwartet man einen höheren Verlust als CHF 132.826 in der nächsten Woche.

d)

$$\text{erwartete tägliche Rendite} = \frac{0{,}08}{250 \text{ Handelstage}} = 0{,}00032$$

$$\text{Volatilität der täglichen Renditen} = \frac{0{,}25}{\sqrt{250 \text{ Handelstage}}} = 0{,}01581$$

$$1\%\text{-VAR}_{absolut} = 0{,}00032 \times \text{CHF } 2.000.000 + (-2{,}33)$$
$$\times 0{,}01581 \times \text{CHF } 2.000.000$$
$$= -\text{CHF } 73.035$$

Für den nächsten Tag erwartet man mit einer Wahrscheinlichkeit von 1 % einen höheren Verlust als CHF 73.035.

1 Lösungen zu Kapitel 2 „Rendite, Risiko und Markteffizienz"

Aufgabe 10

a) Die arithmetische Rendite des SMI liegt bei 1,41 % (in %):

Arithmetische Rendite des SMI
$$= \frac{-27,85 + 18,51 + 3,74 + 33,21 + 15,85 - 3,43 - 34,77 + 18,27 - 1,68 - 7,77}{10}$$
$$= 1,41\%.$$

Um die Medianrendite zu bestimmen, ist der mittlere Wert der Renditen in der Stichprobe zu ermitteln. Dabei sind die Renditen von der größten zur niedrigsten Rendite zu ordnen (in %): 33,21, 18,51, 18,27, 15,85, 3,74, −1,68, −3,43, −7,77, −27,85, −34,77. Die Medianrendite liegt in der Mitte zwischen 3,74 % und −1,68 % und beträgt 1,03 %:

$$\text{Medianrendite} = \frac{3,74\% + (-1,68\%)}{2} = 1,03\%.$$

Die Modalrendite ist die häufigste Rendite, die in einer Stichprobe bzw. Verteilung auftritt. Da die Stichprobe nur aus 10 Renditen besteht, die unterschiedlich groß sind, ist die Angabe hinfällig.

b)

Jahre	Jährliche Renditen (in %)	$r_t - \bar{r}$	$(r_t - \bar{r})^2$
2002	−27,85	−29,26	856,15
2003	18,51	17,10	292,41
2004	3,74	2,33	5,43
2005	33,21	31,80	1011,24
2006	15,85	14,44	208,51
2007	−3,43	−4,84	23,43
2008	−34,77	−36,18	1308,99
2009	18,27	16,86	284,26
2010	−1,68	3,09	9,55
2011	−7,77	−9,18	84,27
Summe			4084,24

$$\tilde{\sigma} = \sqrt{\frac{1}{T-1} \sum_{t=1}^{T} (r_t - \bar{r})^2} = \sqrt{\frac{4084,24}{10-1}} = 21,30$$

Die Standardabweichung der Renditen des SMI liegt bei 21,30 %.

c) Schiefe:

Jahre	Jährliche Renditen (in %)	$r_t - \bar{r}$	$(r_t - \bar{r})^3$
2002	−27,85	−29,26	−25.050,88
2003	18,51	17,10	5000,21
2004	3,74	2,33	12,65
2005	33,21	31,80	32.157,43
2006	15,85	14,44	3010,94
2007	−3,43	−4,84	−113,38
2008	−34,77	−36,18	−47.359,35
2009	18,27	16,86	4792,62
2010	−1,68	−3,09	−29,50
2011	−7,77	−9,18	−773,62
Summe			−28.352,88

$$\text{Schiefe} = \left(\frac{T}{(T-1)(T-2)}\right) \frac{\sum_{t=1}^{T}(r_t - \bar{r})^3}{\tilde{\sigma}^3}$$

$$= \left(\frac{10}{(10-1) \times (10-2)}\right) \times \left(\frac{-28.352,88}{(21,30)^3}\right)$$

$$= -0,41$$

Die Schiefe der Renditeverteilung beträgt −0,41. Die Renditen des SMI sind von 2002 bis 2011 leicht linksschief verteilt. Es liegen jeweils 5 positive und 5 negative Abweichungen vor, die sich ungefähr gegenseitig aufheben. Daher sind die SMI-Renditen approximativ symmetrisch verteilt (leicht linksschief verteilt).

Excess-Kurtosis:

Jahre	Jährliche Renditen (in %)	$r_t - \bar{r}$	$(r_t - \bar{r})^4$
2002	−27,85	−29,26	732.988,71
2003	18,51	17,10	85.503,61
2004	3,74	2,33	29,47
2005	33,21	31,80	1.022.606,34
2006	15,85	14,44	43.477,92
2007	−3,43	−4,84	548,76
2008	−34,77	−36,18	1.713.461,10
2009	18,27	16,86	80.803,52
2010	−1,68	−3,09	91,17
2011	−7,77	−9,18	7101,84
Summe			3.686.612,44

$$\text{Excess-Kurtosis} = \left(\frac{T(T+1)}{(T-1)(T-2)(T-3)} \frac{\sum_{t=1}^{T}(r_t - \bar{r})^4}{\tilde{\sigma}^4} \right) - \frac{3(T-1)^2}{(T-2)(T-3)}$$

$$= \left(\frac{10 \times (10+1)}{(10-1) \times (10-2) \times (10-3)} \times \frac{3.686.612{,}44}{(21{,}30)^4} \right)$$

$$- \frac{3 \times (10-1)^2}{(10-2) \times (10-3)} = -0{,}43$$

Die jährlichen Renditen des SMI weisen in der Zeitspanne von 2002 bis 2011 eine leicht negative Excess-Kurtosis von −0,43 auf (platykurtisch). Das bedeutet, dass weniger Renditen in den Ausbuchtungen der Renditeverteilung im Vergleich zu einer Normalverteilung vorliegen.

Vergleicht man die Renditeverteilung des SMI mit einer Normalverteilung, ist die Verteilung leicht linksschief −0,41 und besitzt eine leicht negative Excess Kurtosis von −0,43.

Aufgabe 11

1. Aussage ist richtig. In der halbstrengen Form der Informationseffizienzhypothese reflektieren die Preise historische und neue öffentliche Informationen. Mit neuen privaten Informationen (Insiderwissen) können überdurchschnittliche Renditen erzielt werden.
2. Aussage ist falsch. Ein halbstrenger informationseffizienter Markt ist auch schwach informationseffizient. Die Preise enthalten neben neuen öffentlichen Meldungen auch sämtliche historischen preisrelevanten Informationen.
3. Aussage ist richtig. Sind die Märkte in der halbstrengen Form informationseffizient, kann man mit öffentlichen Informationen keine abnormalen Renditen erzielen. Daher ist es schwierig, die Transaktionskosten einer aktiven Strategie mit überdurchschnittlichen Renditen zu kompensieren. In einem solchen Marktumfeld ist eine passive Anlagestrategie rentabler.
4. Aussage ist falsch. In der Fundamentalanalyse werden öffentliche Informationen verwendet (z. B. Geschäftsberichte, Pressemitteilungen usw.), um den inneren Wert der Anlage zu bestimmen. Ist das Wertpapier unterbewertet (überbewertet), wird es gekauft (verkauft). In der halbstrengen Form der Informationseffizienzhypothese beinhalten die Preise sämtliche öffentliche Informationen und folglich sind mit der Fundamentalanalyse keine abnormalen Renditen möglich.
5. Aussage ist richtig. In einem schwach informationseffizienten Markt sind lediglich historische Informationen in den Preisen enthalten. Analysiert man neue öffentliche Informationen, kann eine abnormale Rendite erwirtschaftet werden.
6. Aussage ist richtig. Nicht nur die halbstrenge, sondern auch die schwache Form der Markteffizienz ist verletzt, wenn mit historischen Daten überdurchschnittliche Renditen erzielt werden.

7. Aussage ist richtig. Bei Value-Aktien handelt es sich um unterbewertete Titel. Ein zu niedriger Preis führt zu einer durchschnittlich höheren Dividendenrendite (Dividende/Preis) und zu durchschnittlich niedrigeren Kurs-Gewinn-Verhältnissen (Preis/Gewinn) und Kurs-Buchwert-Verhältnissen (Preis/Buchwert).
8. Aussage ist richtig. Höhere Aktienpreise im Januar können nicht auf neue öffentliche Informationen zurückgeführt werden. Realisierte Verluste zur Steuerminderung und Window Dressing sind mögliche Gründe, welche diese Preisanomalie zu erklären vermögen.

Aufgabe 12

Erzielt man mit historischen Informationen eine überdurchschnittliche Rendite, sind alle drei Formen der Markteffizienz (schwache, halbstrenge und strenge) verletzt.

Lösungen zu Kapitel 3 „Optimales Portfolio"

Aufgabe 1
a)
$$E(r_X) = \frac{8\% + 6\% - 2\%}{3} = 4\%$$
$$E(r_Y) = \frac{-3\% + 4\% + 8\%}{3} = 3\%$$

b)
$$\sigma_X = \sqrt{\frac{1}{3} \times \left[(0{,}08 - 0{,}04)^2 + (0{,}06 - 0{,}04)^2 + (-0{,}02 - 0{,}04)^2\right]} = 4{,}321\%$$
$$\sigma_Y = \sqrt{\frac{1}{3} \times \left[(-0{,}03 - 0{,}03)^2 + (0{,}04 - 0{,}03)^2 + (0{,}08 - 0{,}03)^2\right]} = 4{,}546\%$$

c)
$$\text{Cov}_{X,Y} = \frac{1}{3} \times [(0{,}08 - 0{,}04) \times (-0{,}03 - 0{,}03) + (0{,}06 - 0{,}04)$$
$$\times (0{,}04 - 0{,}03) + (-0{,}02 - 0{,}04) \times (0{,}08 - 0{,}03)] = -0{,}00173$$
$$\rho_{X,Y} = \frac{\text{Cov}_{X,Y}}{\sigma_X \sigma_Y} = \frac{-0{,}00173}{0{,}04321 \times 0{,}04546} = -0{,}88$$

Aufgabe 2
a)
$$E(r_A) = 0{,}3 \times 16{,}5\% + 0{,}6 \times 10{,}2\% + 0{,}1 \times (-3{,}5\%) = 10{,}72\%$$
$$E(r_B) = 0{,}3 \times 8{,}5\% + 0{,}6 \times 8{,}2\% + 0{,}1 \times 5{,}0\% = 7{,}97\%$$

© Springer Fachmedien Wiesbaden GmbH 2017
E. Mondello, *Lösungen zum Lehrbuch Finance*, DOI 10.1007/978-3-658-17924-3_2

b)
$$\sigma_A = \sqrt{0{,}3 \times (0{,}165 - 0{,}1072)^2 + 0{,}6 \times (0{,}102 - 0{,}1072)^2 + 0{,}1 \times (-0{,}035 - 0{,}1072)^2}$$
$$= 0{,}0551 = 5{,}51\,\%$$
$$\sigma_B = \sqrt{0{,}3 \times (0{,}085 - 0{,}0797)^2 + 0{,}6 \times (0{,}082 - 0{,}0797)^2 + 0{,}1 \times (0{,}05 - 0{,}0797)^2}$$
$$= 0{,}01 = 1{,}00\,\%$$

c)
$$\text{Cov}_{A,B} = 0{,}3 \times (0{,}165 - 0{,}1072) \times (0{,}085 - 0{,}0797) + 0{,}6 \times (0{,}102 - 0{,}1072)$$
$$\times (0{,}082 - 0{,}0797) + 0{,}1 \times (-0{,}035 - 0{,}1072) \times (0{,}05 - 0{,}0797)$$
$$= 0{,}00050706$$
$$\rho_{A,B} = \frac{\text{Cov}_{A,B}}{\sigma_A \sigma_B} = \frac{0{,}00050706}{0{,}0551 \times 0{,}01} = 0{,}92$$

d)
$$E(r_P) = 0{,}4 \times 10{,}72\,\% + 0{,}6 \times 7{,}97\,\% = 9{,}07\,\%$$
$$\sigma_P = \sqrt{0{,}4^2 \times 0{,}0551^2 + 0{,}6^2 \times 0{,}01^2 + 2 \times 0{,}4 \times 0{,}6 \times 0{,}00050706}$$
$$= 2{,}766\,\%$$

Die erwartete Portfoliorendite beträgt 9,07 %, während das Portfoliorisiko bei 2,766 % liegt.

Aufgabe 3
a)
$$E(r_P) = 0{,}4 \times 10\,\% + 0{,}6 \times 16\,\% = 13{,}6\,\%$$

b) Die Standardabweichung des Portfolios von 16,25 % lässt sich wie folgt ermitteln:
$$\sigma_P = \sqrt{0{,}4^2 \times 0{,}08^2 + 0{,}6^2 \times 0{,}25^2 + 2 \times 0{,}4 \times 0{,}6 \times 0{,}3 \times 0{,}08 \times 0{,}25}$$
$$= 16{,}25\,\%\,.$$

Aufgabe 4
a)
$$w_A = \frac{100 \times \text{EUR } 50}{(100 \times \text{EUR } 50) + (400 \times \text{EUR } 25)} = 0{,}333$$
$$w_B = \frac{400 \times \text{EUR } 25}{(100 \times \text{EUR } 50) + (400 \times \text{EUR } 25)} = 0{,}667$$
$$E(r_P) = 0{,}333 \times 14\,\% + 0{,}667 \times 20\,\% = 18\,\%$$
$$\sigma_P = \sqrt{0{,}333^2 \times 0{,}10^2 + 0{,}667^2 \times 0{,}22^2 + 2 \times 0{,}333 \times 0{,}667 \times 0{,}28 \times 0{,}10 \times 0{,}22}$$
$$= 0{,}1593 = 15{,}93\,\%$$

Die erwartete Rendite des Portfolios beträgt 18 %, während die Standardabweichung der Portfoliorenditen bei 15,93 % liegt.

b)
$$w_A = \frac{100 \times EUR\ 50}{(100 \times EUR\ 50) + (100 \times EUR\ 25)} = 0{,}667$$
$$w_B = \frac{100 \times EUR\ 25}{(100 \times EUR\ 50) + (100 \times EUR\ 25)} = 0{,}333$$
$$E(r_P) = 0{,}667 \times 14\% + 0{,}333 \times 20\% = 16\%$$
$$\sigma_P = \sqrt{0{,}667^2 \times 0{,}10^2 + 0{,}333^2 \times 0{,}22^2 + 2 \times 0{,}667 \times 0{,}333 \times 0{,}28 \times 0{,}10 \times 0{,}22}$$
$$= 0{,}1120 = 11{,}20\%$$

Der Verkauf von B-Aktien führt sowohl zu einer niedrigeren erwarteten Portfoliorendite von 16 % (versus 18 %) als auch zu einem niedrigeren Portfoliorisiko von 11,20 % (versus 15,93 %). Der Grund dafür liegt in der höheren erwarteten Rendite und Standardabweichung der Aktie B im Vergleich zur Aktie A.

Aufgabe 5

a)
$$E(r_P) = 0{,}04 + \frac{0{,}12 - 0{,}04}{0{,}2} \times 0{,}3 = 0{,}16 = 16\%$$

b)
$$E(r_P) = (1 - w_T)\,r_F + w_T E(r_T)\ ,$$

wobei:

w_T = Anteil des Tangentialportfolios im Portfolio,
$E(r_T)$ = erwartete Rendite des Tangentialportfolios,
r_F = risikoloser Zinssatz.

Setzt man in die oben stehende Formel für die erwartete Portfoliorendite 16 %, für den risikolosen Zinssatz 4 % und für die erwartete Rendite des Tangentialportfolios 12 % ein, so erhält man folgende Gleichung:

$$0{,}16 = (1 - w_T) \times 0{,}04 + w_T \times 0{,}12\ .$$

Das Ausmultiplizieren der rechten Seite der Gleichung führt zu folgendem Formelausdruck:

$$0{,}16 = 0{,}04 - 0{,}04 \times w_T + 0{,}12 \times w_T = 0{,}04 + 0{,}08 \times w_T\ .$$

In einem nächsten Schritt wird 0,04 von beiden Seiten der Gleichung subtrahiert:

$$0{,}12 = 0{,}08 \times w_T\ .$$

Werden beide Seiten der Gleichung durch 0,08 dividiert, erhält man für das Gewicht des Tangentialportfolios w_T:

$$w_T = 1,5 \ .$$

Der Anteil des Tangentialportfolios im neuen Portfolio beträgt 1,5. Um 150 % des Kapitals in das Tangentialportfolio zu investieren, müssen 50 % zum risikolosen Zinssatz als Kredit aufgenommen werden.

Aufgabe 6

Da die erwartete Portfoliorendite von 10 % höher als die erwartete Marktrendite von 8 % ist, muss der Investor Geld aufnehmen und Zinsen dafür bezahlen. Demzufolge lässt sich die erwartete Portfoliorendite wie folgt bestimmen:

$$E(r_P) = 10\,\% = w_{Markt} \times 8\,\% + (1 - w_{Markt}) \times 2\,\% \ .$$

Wird diese Gleichung nach dem Anteil des Marktportfolios w_{Markt} aufgelöst, erhält man:

$$w_{Markt} = 1\,1/3.$$

Der Anteil der risikolosen Geldaufnahme zum Gesamtportfolio beträgt $-1/3$ ($= 1 - 1\,1/3$). Demnach muss der Investor EUR 600.000 ($= 1/3 \times$ EUR 1.800.000) zum risikolosen Zinssatz aufnehmen.

Aufgabe 7

Zuerst ist die Gewichtung der Aktie Z zu berechnen:

$$w_Z = \frac{\sigma_X}{\sigma_Z + \sigma_X} = \frac{0,30}{0,30 + 0,30} = 0,5 \ .$$

Das Gewicht der Aktie X ist ebenfalls 0,5 ($= 1 - 0,5$). Werden die Gewichte der beiden Aktien von je 0,5 in Formel 3.14 für das Portfoliorisiko eingesetzt, erhält man für die Standardabweichung des Portfolios 0 %:

$$\sigma_P = \sqrt{0,5^2 \times 0,3^2 + 0,5^2 \times 0,3^2 + 2 \times 0,5 \times 0,5 \times (-1) \times 0,3 \times 0,3} = 0 \ .$$

Die erwartete Portfoliorendite liegt bei 15 %:

$$E(r_P) = 0,5 \times 15\,\% + 0,5 \times 15\,\% = 15\,\% \ .$$

Aufgabe 8

Mithilfe der Formel 3.29 lässt sich die Varianz bzw. die Standardabweichung des gleich gewichteten Portfolios für die unterschiedliche Anzahl Aktien berechnen:

$$\sigma_{30\ Aktien} = \sqrt{625 \times \left(\frac{1-0,4}{30} + 0,4\right)} = 16,20\,\% \ ,$$

$$\sigma_{100\ Aktien} = \sqrt{625 \times \left(\frac{1-0,4}{100} + 0,4\right)} = 15,93\,\% \ .$$

2 Lösungen zu Kapitel 3 „Optimales Portfolio"

Mit unendlich vielen Aktien im Portfolio strebt der erste Term im Klammerausdruck gegen 0, was zur niedrigsten Standardabweichung des Portfolios von 15,81 % führt:

$$\sigma_{\text{unendlich viele Aktien}} = \sqrt{625 \times 0{,}4} = 15{,}81\,\%\ .$$

Der Quotient aus der Standardabweichung des Portfolios bestehend aus 30 Aktien und der Standardabweichung aus der Anlagekombination mit unendlich vielen Aktien beträgt 1,0247:

$$\frac{\sigma_{\text{30 Aktien}}}{\sigma_{\text{unendlich viele Aktien}}} = \frac{16{,}20\,\%}{15{,}81\,\%} = 1{,}0247\ .$$

Die Standardabweichung des Portfolios aus 30 Aktien liegt ungefähr bei 102,5 % der Standardabweichung der Anlagekombination bestehend aus unendlich vielen Aktien. Dieses Beispiel zeigt, dass mit 30 Aktien und einem Korrelationskoeffizienten von 0,4 eine sehr gute Diversifikation des Portfolios erreicht werden kann.

Aufgabe 9

Das Portfolio B besitzt die niedrigste Sharpe Ratio von 0,3125 und liegt daher nicht auf der Kapitalmarktlinie. Alle anderen Portfolios verfügen über dieselbe Sharpe Ratio von 0,3333 und befinden sich demnach auf der Kapitalmarktlinie.

$$\text{SR}_A = \frac{8\,\% - 4\,\%}{12\,\%} = 0{,}3333$$

$$\text{SR}_B = \frac{9\,\% - 4\,\%}{16\,\%} = 0{,}3125$$

$$\text{SR}_C = \frac{10\,\% - 4\,\%}{18\,\%} = 0{,}3333$$

$$\text{SR}_D = \frac{11\,\% - 4\,\%}{21\,\%} = 0{,}3333$$

Aufgabe 10

Wenn die US-Aktien eine höhere Sharpe Ratio zur Folge haben, sind sie vorteilhaft. Dabei muss die folgende Bedingung erfüllt sein:

Sharpe Ratio der US-Aktien > (Sharpe Ratio des existierenden Portfolios) × (Korrelationskoeffizient zwischen US-Aktien und existierendem Portfolio).

$$0{,}12 > 0{,}0325\ ,$$

wobei: $0{,}0325 = 0{,}13 \times 0{,}25$.

Die Sharpe Ratio der US-Aktien von 0,12 ist größer als 0,0325, sodass die neuen Aktien die Sharpe Ratio des bestehenden Portfolios erhöhen.

Aufgabe 11

a) Gemäß Formel 3.20 lässt sich der Anteil des Aktienfonds A im Minimum-Varianz-Portfolio der beiden risikobehafteten Fonds (A und B) wie folgt berechnen:

$$w_A = \frac{\sigma_B^2 - \text{Cov}_{A,B}}{\sigma_A^2 + \sigma_B^2 - 2\text{Cov}_{A,B}},$$

wobei:
A = Aktienfonds,
B = Anleihefonds.

Die Kovarianz der beiden Fonds von 0,00784 kann wie folgt bestimmt werden:

$$\text{Cov}_{A,B} = \rho_{A,B}\sigma_A\sigma_B = 0{,}2 \times 0{,}28 \times 0{,}14 = 0{,}00784\,.$$

Werden die Kovarianz und die Varianzen der entsprechenden Fonds in Formel 3.20 eingesetzt, erhält man für den Aktienfonds ein Gewicht von 14,29 % im Minimum-Varianz-Portfolio:

$$w_A = \frac{0{,}14^2 - 0{,}00784}{0{,}28^2 + 0{,}14^2 - 2 \times 0{,}00784} = 0{,}1429\,.$$

Das Gewicht des Anleihefonds im Minimum-Varianz-Portfolio beträgt 85,71 % (= 1 − 0,1429).

Die erwartete Rendite und Standardabweichung des Minimum-Varianz-Portfolios (MVP) können wie folgt ermittelt werden:

$$E(r_{MVP}) = 0{,}1429 \times 15\,\% + 0{,}8571 \times 10\,\% = 10{,}71\,\%,$$

$$\sigma_{MVP} = \sqrt{0{,}1429^2 \times 0{,}28^2 + 0{,}8571^2 \times 0{,}14^2 + 2 \times 0{,}1429 \times 0{,}8571 \times 0{,}00784}$$
$$= 0{,}13387 = 13{,}39\,\%\,.$$

b) Der Berührungspunkt zwischen der Kapitalallokationslinie mit der höchsten Sharpe Ratio und der Effizienzkurve stellt das optimale Portfolio von risikobehafteten Anlagen (Tangentialportfolio) dar. Für ein Zwei-Anlagen-Portfolio kann das Gewicht der Anlage A (Aktienfonds) mit Formel 3.39 ermittelt werden:

$$w_A = \frac{[E(r_A) - r_F]\sigma_B^2 - [E(r_B) - r_F]\text{Cov}_{A,B}}{[E(r_A) - r_F]\sigma_B^2 + [E(r_B) - r_F]\sigma_A^2 - [E(r_A) - r_F + E(r_B) - r_F]\text{Cov}_{A,B}},$$

$$w_A = \frac{(0{,}15 - 0{,}02) \times 0{,}14^2 - (0{,}10 - 0{,}02) \times 0{,}00784}{(0{,}15 - 0{,}02) \times 0{,}14^2 + (0{,}10 - 0{,}02) \times 0{,}28^2 - (0{,}15 - 0{,}02 + 0{,}10 - 0{,}02) \times 0{,}00784}$$

$$= 0{,}2678\,,$$

$$w_B = 1 - 0{,}2678 = 0{,}7322\,.$$

Die erwartete Rendite und die Standardabweichung des Tangentialportfolios können wie folgt bestimmt werden:

$$E(r_{TP}) = 0{,}2678 \times 15\% + 0{,}7322 \times 10\% = 11{,}34\%,$$

$$\sigma_{TP} = \sqrt{0{,}2678^2 \times 0{,}28^2 + 0{,}7322^2 \times 0{,}14^2 + 2 \times 0{,}2678 \times 0{,}7322 \times 0{,}00784}$$

$$= 0{,}1386 = 13{,}86\%.$$

c) Die Steigung der effizientesten Kapitalallokationslinie ist durch die Sharpe Ratio des Tangentialportfolios von 0,6739 gegeben:

$$SR_{TP} = \frac{11{,}34\% - 2\%}{13{,}86\%} = 0{,}6739.$$

Die Steigung der effizientesten Kapitalallokationslinie ist höher als die Steigung jeder anderen Kombinationslinie zwischen einem Portfolio auf der Effizienzkurve und der risikolosen Anlage.

d) Die erwartete Rendite eines Portfolios, das auf der effizientesten Kapitalallokationslinie liegt, kann wie folgt berechnet werden:

$$E(r_P) = r_F + \left(\frac{E(r_{OP}) - r_F}{\sigma_{OP}} \right) \sigma_P = 0{,}11 = 0{,}02 + 0{,}6739 \times \sigma_P.$$

Das Portfoliorisiko von 13,36 % ergibt sich durch die Auflösung der Gleichung nach σ_P:

$$\sigma_P = \frac{0{,}11 - 0{,}02}{0{,}6739} = 0{,}1336.$$

Die erwartete Rendite des Portfolios besteht aus der Summe der gewichteten erwarteten Renditen. Dabei setzt sich die Anlagekombination aus dem risikolosen Geldmarktfonds und aus den zwei risikobehafteten Fonds (Tangentialportfolio) zusammen.

$$E(r_P) = w_F r_F + (1 - w_F) E(r_{TP})$$
$$11\% = w_F \times 2\% + (1 - w_F) \times 11{,}34\%$$
$$w_F = 0{,}0364$$
$$w_{OP} = 1 - 0{,}0364 = 0{,}9636$$

Um die Gewichte der beiden risikobehafteten Fonds zu bestimmen, sind die entsprechenden prozentualen Anteile des Tangentialportfolios zu verwenden.

$$\text{Gewicht des Anlagefonds} = 0{,}2678 \times 0{,}9636 = 0{,}2581$$
$$\text{Gewicht des Anleihefonds} = 0{,}7322 \times 0{,}9636 = 0{,}7055$$

Das Portfolio mit einer erwarteten Rendite von 11 %, das auf der effizientesten Kapitalallokationslinie liegt, setzt sich aus folgenden Anteilen der drei Fonds zusammen:

Risikoloser Geldmarktfonds	3,64 %
Aktienfonds	25,81 %
Anleihefonds	70,55 %
Total	= 100,00 %

Aufgabe 12

a) Ist der Korrelationskoeffizient zwischen Aktien und Palladium genügend niedrig, wird Palladium im optimalen Tangentialportfolio gehalten. Das Tangentialportfolio, bestehend aus Aktien und Palladium, liegt auf der effizientesten Kapitalallokationslinie. Eine Kombination aus dem Tangentialportfolio und dem risikolosen Zinssatz erzielt bei gleichem Aktienrisiko eine höhere erwartete Rendite.

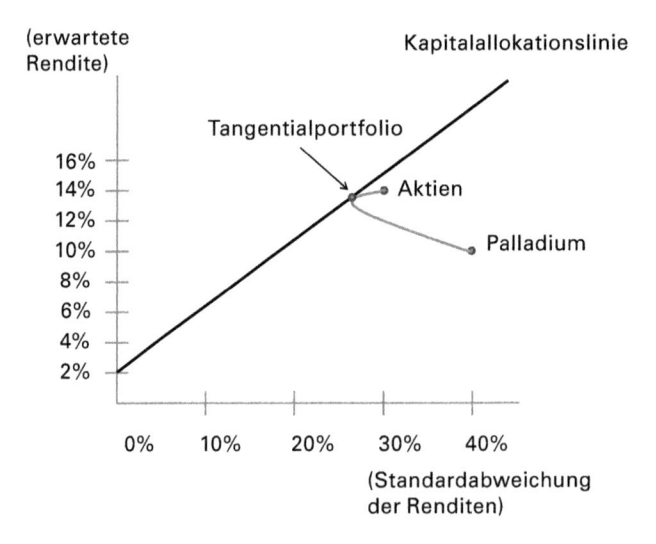

b) Mit einem Korrelationskoeffizienten von +1 wird Palladium nicht im effizienten Portfolio gehalten. Das Tangentialportfolio besteht nur aus Aktien. Jede Kombination zwischen risikolosem Zinssatz und Aktien ist im Vergleich zu einem Portfolio bestehend aus risikolosem Zinssatz, Aktien und Palladium effizienter.

2 Lösungen zu Kapitel 3 „Optimales Portfolio"

(erwartete Rendite) / (Standardabweichung der Renditen)

Tangentialportfolio → Aktien

Kapitalallokationslinie

Palladium

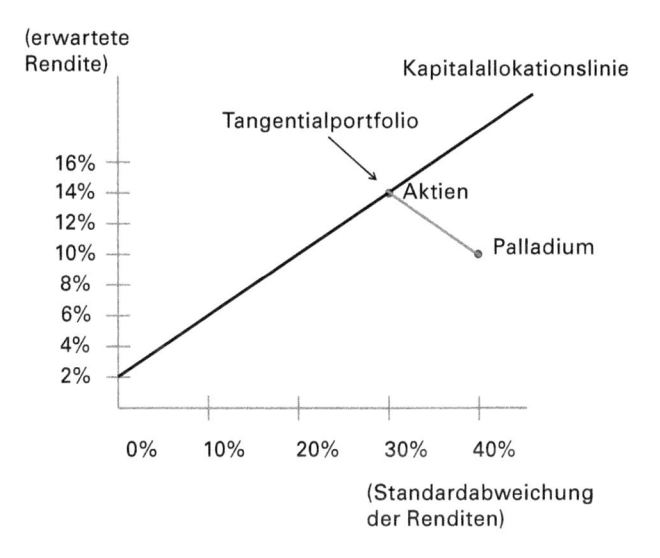

Aufgabe 13

$$E(r_P) = 0{,}4 \times 12\,\% + 0{,}3 \times 10\,\% + 0{,}3 \times 15\,\% = 12{,}3\,\%$$

$$\sigma_P = (0{,}4^2 \times 0{,}25^2 + 0{,}3^2 \times 0{,}3^2 + 0{,}3^2 \times 0{,}35^2 + 2 \times 0{,}4 \times 0{,}3 \times 0{,}4 \times 0{,}25 \\ \times 0{,}3 + 2 \times 0{,}4 \times 0{,}3 \times 0{,}6 \times 0{,}25 \times 0{,}35 + 2 \times 0{,}3 \times 0{,}3 \times 0{,}8 \times 0{,}3 \\ \times 0{,}35)^{1/2} = 0{,}25307$$

Die erwartete Rendite des Portfolios beträgt 12,3 %, während das Portfoliorisiko bei 25,31 % liegt.

Aufgabe 14

a) Der Nutzen der drei Asset-Allokationen kann wie folgt berechnet werden:

$$U_A = 0{,}10 - 0{,}5 \times 2 \times 0{,}20^2 = 0{,}06\,,$$
$$U_B = 0{,}08 - 0{,}5 \times 2 \times 0{,}1414^2 = 0{,}06\,,$$
$$U_C = 0{,}05 - 0{,}5 \times 2 \times 0{,}0758^2 = 0{,}044\,.$$

Die Asset-Allokationen A und B besitzen den gleichen Nutzen von 0,06 und der Kunde ist demnach indifferent zwischen diesen beiden Anlagemöglichkeiten.

b) Die Mindestrendite, welche die Erhaltung des Vermögens gewährleistet, beträgt 4 % (= CHF 80.000/CHF 2.000.000). Aufgrund dieser Mindestrendite lässt sich die risikoadjustierte Rendite der drei Anlageklassen wie folgt ermitteln:

$$\text{Risikoadjustierte Rendite von A} = \frac{0{,}10 - 0{,}04}{0{,}20} = 0{,}30\,,$$

$$\text{risikoadjustierte Rendite von B} = \frac{0{,}08 - 0{,}04}{0{,}1414} = 0{,}283\,,$$

$$\text{risikoadjustierte Rendite von C} = \frac{0{,}05 - 0{,}04}{0{,}0758} = 0{,}132\,.$$

Die Asset-Allokation A besitzt die höchste risikoadjustierte Rendite von 0,3 und den gleichen Nutzen von 0,06 wie B. Folglich muss der Kunde die Asset-Allokation A auswählen, da diese neben dem höchsten Nutzen die niedrigste Wahrscheinlichkeit aufweist, dass die Mindestrendite von 4 % nicht erreicht wird.

Aufgabe 15

a) Ein risikoneutraler Investor besitzt einen Risikoaversionskoeffizienten von 0 ($A = 0$). Demzufolge errechnet sich der Nutzen aus der erwarteten Rendite [$U = E(r)$]. Die Anlage 3 weist den höchsten Nutzen für einen risikoneutralen Investor auf, da sie über die höchste erwartete Rendite von 12 % verfügt.

b)
$$U_1 = 0{,}09 - 0{,}5 \times (-3) \times 0{,}04^2 = 0{,}0924$$
$$U_2 = 0{,}10 - 0{,}5 \times (-3) \times 0{,}16^2 = 0{,}1384$$
$$U_3 = 0{,}12 - 0{,}5 \times (-3) \times 0{,}30^2 = 0{,}255$$
$$U_4 = 0{,}09 - 0{,}5 \times (-3) \times 0{,}50^2 = 0{,}465$$

Anlage 4 besitzt für einen risikofreudigen Investor mit einem Risikoaversionskoeffizienten von −3 den höchsten Nutzen von 0,465.

c)
$$U_1 = 0{,}09 - 0{,}5 \times 3 \times 0{,}04^2 = 0{,}0876$$
$$U_2 = 0{,}10 - 0{,}5 \times 3 \times 0{,}16^2 = 0{,}0616$$
$$U_3 = 0{,}12 - 0{,}5 \times 3 \times 0{,}30^2 = -0{,}015$$
$$U_4 = 0{,}09 - 0{,}5 \times 3 \times 0{,}50^2 = -0{,}285$$

Anlage 1 stellt für einen durchschnittlich risikoaversen Investor mit einem Risikoaversionskoeffizienten von 3 den höchsten Nutzen von 0,0876 dar.

d)
$$U_1 = 0{,}09 - 0{,}5 \times 6 \times 0{,}04^2 = 0{,}0852$$
$$U_2 = 0{,}10 - 0{,}5 \times 6 \times 0{,}16^2 = 0{,}0232$$
$$U_3 = 0{,}12 - 0{,}5 \times 6 \times 0{,}30^2 = -0{,}15$$
$$U_4 = 0{,}09 - 0{,}5 \times 6 \times 0{,}50^2 = -0{,}66$$

Anlage 1 besitzt für einen überdurchschnittlich risikoaversen Investor mit einem Risikoaversionskoeffizienten von 6 den höchsten Nutzen von 0,0852.

2 Lösungen zu Kapitel 3 „Optimales Portfolio"

Aufgabe 16

Das Portfolio besteht aus einer risikolosen Anlage (BuBills) und einer Aktie. Die angestrebte Standardabweichung des Portfolios von 25 % kann wie folgt berechnet werden:

$$\sigma_P = w_{Aktie}\sigma_{Aktie} = 0{,}25 = w_{Aktie} \times 0{,}40 .$$

Wird die Gleichung nach dem Gewicht der Aktie (w_{Aktie}) aufgelöst, erhält man 62,5 %:

$$w_{Aktie} = \frac{0{,}25}{0{,}40} = 0{,}625 .$$

Die erwartete Rendite dieses Zwei-Anlagen-Portfolios beträgt demnach 13,25 %:

$$E(r_P) = (1 - 0{,}625) \times 2\% + 0{,}625 \times 20\% = 13{,}25\% .$$

Aufgabe 17

a) Gemäß Formel 3.42 beträgt der optimale prozentuale Anteil des Tangentialportfolios 27,78 %:

$$w_{TP}^* = \frac{E(r_{TP}) - r_F}{A\sigma_{TP}^2} = \frac{0{,}12 - 0{,}02}{4 \times 0{,}30^2} = 0{,}2778 .$$

Demnach besteht das optimale Portfolio zu 27,78 % aus dem Tangentialportfolio und zu 72,22 % aus BuBills (risikolos). Dieses Portfolio weist für den Investor mit einem Risikoaversionskoeffizienten von 4 den höchsten Nutzen auf.

b)

$$E(r_{OP}) = 0{,}2778 \times 12\% + 0{,}7222 \times 2\% = 4{,}78\%$$
$$\sigma_{OP} = 0{,}2778 \times 0{,}30 = 8{,}33\%$$

c) Die Sharpe Ratio des optimalen Portfolios beträgt 0,334:

$$SR_{OP} = \frac{4{,}78\% - 2\%}{8{,}33\%} = 0{,}334 .$$

Aufgabe 18

a) Die Sharpe Ratio des Marktportfolios (HDAX) liegt bei 0,364:

$$SR_{HDAX} = \frac{10\% - 2\%}{22\%} = 0{,}364 .$$

b) Die Sharpe Ratio des aktiven Portfolios beläuft sich auf 0,467:

$$SR_P = \frac{16\% - 2\%}{30\%} = 0,467 \,.$$

Im Rahmen der Rendite-Varianz-Analyse (Portfoliotheorie von Markowitz) besteht die Zielsetzung im Portfoliomanagement darin, die Ex-ante-Sharpe-Ratio bzw. die Steigung der Kapitalallokationslinie zu maximieren. Ein „guter" Portfoliomanager ist in der Lage, ein aktives Portfolio zu konstruieren, das im Vergleich zu einer passiven Strategie eine höhere Sharpe Ratio bzw. eine höhere Steigung der Kapitalallokationslinie besitzt.

c) Die Sharpe Ratio der aktiven Strategie kann unter Berücksichtigung der Managementgebühren (MG) wie folgt ermittelt werden:

$$SR_P = \frac{0,16 - 0,02 - MG}{0,30} \,.$$

Die beiden Strategien sind hinsichtlich Rendite und Risiko gleichwertig, wenn die Sharpe Ratio des aktiven Portfolios nach Berücksichtigung der Managementgebühren gleich groß ist wie die Sharpe Ratio der passiven Strategie von 0,364.

$$0,364 = \frac{0,16 - 0,02 - MG}{0,30}$$

Wird die Gleichung nach den Managementgebühren (MG) aufgelöst, erhält man 3,08 %. Das heißt, die Managementgebühren dürfen 3,08 % nicht übersteigen, ansonsten ist eine aktive Anlagestrategie nachteilig.

Aufgabe 19

a) Um eine erwartete Rendite von 8,2 % zu erzielen, sind die beiden auf der Effizienzkurve benachbarten Corner-Portfolios 3 und 4 auszuwählen, die erwartete Renditen von 9,7 % und 7,9 % aufweisen. Die prozentualen Anteile der beiden Corner-Portfolios im effizienten Portfolio mit einer erwarteten Rendite von 8,2 % lassen sich wie folgt berechnen:

$$8,2\% = 9,7\% \times w + 7,9\% \times (1 - w) \,.$$

Wird die Gleichung nach w aufgelöst, erhält man:

$$w = 0,1667 \quad \text{und} \quad (1 - w) = 1 - 0,1667 = 0,8333 \,.$$

Demnach betragen die Gewichte der beiden Corner-Portfolios 3 und 4 entsprechend 16,67 % und 83,33 %. Die Gewichte der Anlageklassen für die strategische Asset-

Allokation können folgendermaßen ermittelt werden:

$$\text{Aktien Inland} = 0{,}1667 \times 63{,}6\,\% + 0{,}8333 \times 36{,}2\,\% = 40{,}77\,\%,$$
$$\text{Aktien Ausland} = 0{,}1667 \times 6{,}3\,\% + 0{,}8333 \times 4{,}1\,\% = 4{,}47\,\%,$$
$$\text{mittelfristige Anleihen Inland} = 0{,}1667 \times 0{,}0\,\% + 0{,}8333 \times 0{,}0\,\% = 0{,}0\,\%,$$
$$\text{langfristige Anleihen Inland} = 0{,}1667 \times 0{,}0\,\% + 0{,}8333 \times 0{,}0\,\% = 0{,}0\,\%,$$
$$\text{Anleihen Ausland} = 0{,}1667 \times 0{,}0\,\% + 0{,}8333 \times 30{,}4\,\% = 25{,}33\,\%,$$
$$\text{Immobilien} = 0{,}1667 \times 30{,}1\,\% + 0{,}8333 \times 29{,}3\,\% = 29{,}43\,\%.$$

Die Summe der Gewichte ergibt 1 (= 40,77 % + 4,47 % + 0,0 % + 0,0 % + 25,33 % + 29,43 %). Die für Friedrich ausgewählte strategische Asset-Allokation weist eine erwartete Rendite von 8,2 % auf und liegt zwischen den Corner-Portfolios 3 und 4 auf der Effizienzkurve. Die nachstehende Abbildung verdeutlicht diesen Zusammenhang.

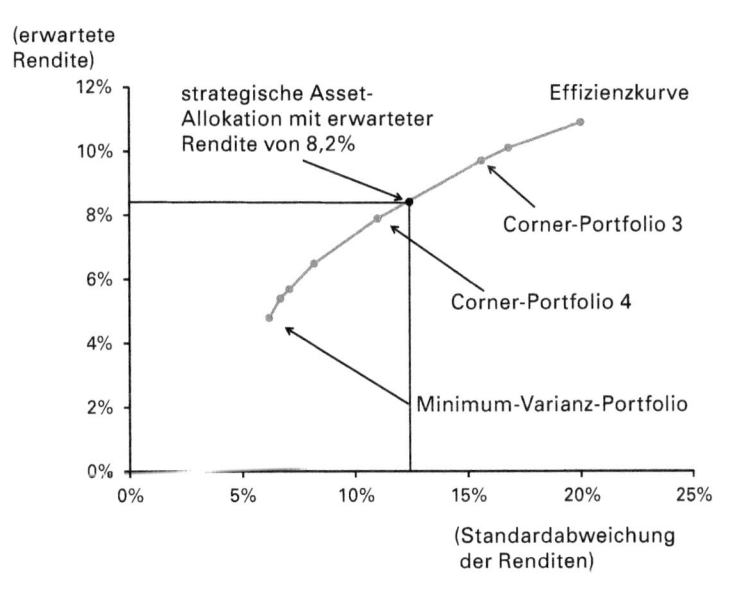

b) Um den Portfoliowert für die strategische Asset-Allokation zu bestimmen, ist zunächst der Barwert der in 3 Monaten vorgesehenen Schenkung zu berechnen:

$$\frac{\text{EUR } 200.000}{(1{,}04)^{0{,}25}} = \text{EUR } 198.049.$$

Es müssen heute EUR 198.049 zu einem Zinssatz von 4 % angelegt werden, damit in 3 Monaten ein Betrag von EUR 200.000 für die Spende an die Krebsstiftung bereitsteht. Demnach beträgt der heutige Portfoliowert EUR 2.301.951 (= EUR 2.500.000 − EUR 198.049). Die Anlageklasse Immobilien weist einen

Betrag von EUR 677.464 (= EUR 2.301.951 × 0,2943) auf. Folglich müssen neu in die Anlageklasse Immobilien EUR 427.464 (= EUR 677.464 − EUR 250.000) investiert werden.

c) Das Tangentialportfolio ist dasjenige Portfolio auf der Effizienzkurve, das über die höchste Sharpe Ratio verfügt. Das Corner-Portfolio 5 besitzt unter den Corner-Portfolios die höchste Sharpe Ratio von 0,549. Da die erwartete Rendite von 6,5 % unter der von der langfristigen Anlagepolitik erwarteten Rendite von 8,2 % liegt, ist Corner-Portfolio 5 nicht angemessen. Des Weiteren ist in der Anlagepolitik vorgesehen, dass kein Geld für den Kauf von risikobehafteten Anlagen aufgenommen werden darf. Mit Corner-Portfolio 5 lässt sich, wenn man Geld aufnimmt, nur eine erwartete Rendite von 8,2 % erzielen, wie die nachstehende Abbildung verdeutlicht.

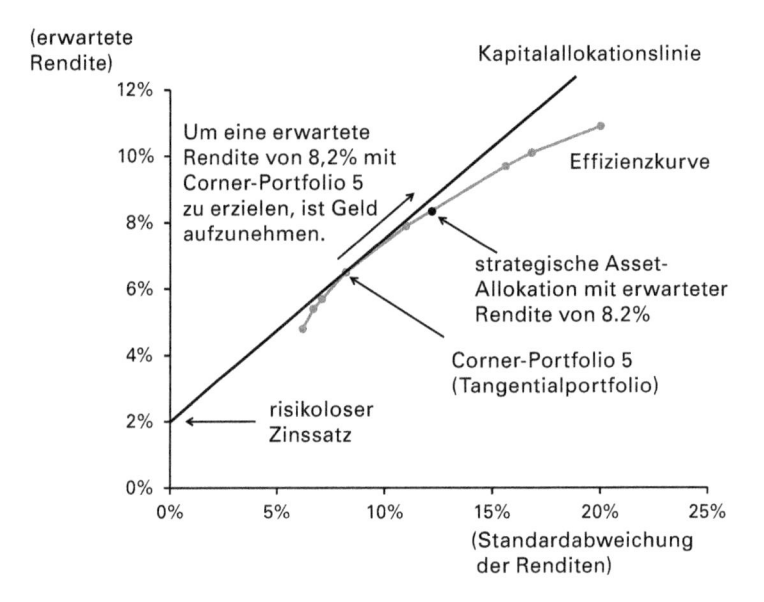

d) Die 8 Corner-Portfolios weisen für den Kunden Friedrich jeweils den folgenden Nutzen auf (Risikoaversionskoeffizient von 3):

$$\text{Nutzen aus Corner-Portfolio 1} = 0{,}109 - 0{,}5 \times 3 \times 0{,}200^2 = 0{,}0490,$$

$$\text{Nutzen aus Corner-Portfolio 2} = 0{,}101 - 0{,}5 \times 3 \times 0{,}168^2 = 0{,}0587,$$

$$\text{Nutzen aus Corner-Portfolio 3} = 0{,}097 - 0{,}5 \times 3 \times 0{,}156^2 = 0{,}0605,$$

$$\text{Nutzen aus Corner-Portfolio 4} = 0{,}079 - 0{,}5 \times 3 \times 0{,}110^2 = 0{,}0609,$$

$$\text{Nutzen aus Corner-Portfolio 5} = 0{,}065 - 0{,}5 \times 3 \times 0{,}082^2 = 0{,}0549,$$

$$\text{Nutzen aus Corner-Portfolio 6} = 0{,}057 - 0{,}5 \times 3 \times 0{,}071^2 = 0{,}0494,$$

$$\text{Nutzen aus Corner-Portfolio 7} = 0{,}054 - 0{,}5 \times 3 \times 0{,}067^2 = 0{,}0473,$$

$$\text{Nutzen aus Corner-Portfolio 8} = 0{,}048 - 0{,}5 \times 3 \times 0{,}062^2 = 0{,}0422.$$

Für Friedrich weist Corner-Portfolio 4 den größten Nutzen von 0,0609 auf. Allerdings kann mit diesem Portfolio die erwartete Rendite von 8,2 % aus der langfristigen Anlagepolitik nicht erreicht werden, da Corner-Portfolio 4 lediglich eine erwartete Rendite von 7,9 % besitzt.

Unterstellt man einen Korrelationskoeffizienten von +1 zwischen den Renditen der beiden Corner-Portfolios 3 und 4, resultiert für das effiziente Portfolio mit einer erwarteten Rendite von 8,2 % eine Standardabweichung von 11,77 %:

$$\sigma_P = 0{,}1667 \times 15{,}6\% + 0{,}8333 \times 11{,}0\% = 11{,}77\% \ .$$

Die Standardabweichung des effizienten Portfolios mit einer erwarteten Rendite von 8,2 % liegt bei maximal 11,77 %. Bei einem Korrelationskoeffizienten von kleiner als +1 resultiert ein Portfoliorisiko, das niedriger als 11,77 % ist. Mit der maximalen Standardabweichung der Renditen von 11,77 % ergibt sich ein Nutzen von 0,0612:

$$\text{Nutzen des Portfolios} = 0{,}082 - 0{,}5 \times 3 \times 0{,}1177^2 = 0{,}0612 \ .$$

Der Nutzen des effizienten Portfolios mit einer erwarteten Rendite von 8,2 % beträgt mindestens 0,0612 und ist im Vergleich zum Nutzen des Corner-Portfolios 4 von 0,0609 höher. Die durch die beiden Corner-Portfolios 3 und 4 ausgewählte strategische Asset-Allokation verfügt über den höchsten Nutzen und stellt demnach das optimale Portfolio für Friedrich dar.

Lösungen zu Kapitel 4 „Einfaktormodelle"

Aufgabe 1

a) Für die Konstruktion der Effizienzkurve mit dem Markowitz-Modell sind 1325 Parameter notwendig, die sich wie folgt zusammensetzen:
- 50 erwartete Renditen,
- 50 Varianzen,
- 1225 Kovarianzen [$= (50 \times 50 - 50)/2$].

b) Wird hingegen das Marktmodell (Einfaktormodell) verwendet, sind lediglich 152 Parameter für die Konstruktion der Effizienzkurve erforderlich:
- 50 Parameter für die über die Marktrendite erwarteten Überschussrenditen α_i,
- 50 Parameter für die Regressionskoeffizienten β_i,
- 50 Parameter für die unternehmensspezifischen Varianzen σ_ε^2,
- 1 Parameter für die Marktrisikoprämie R_M,
- 1 Parameter für die Varianz des Marktportfolios σ_M^2.

Die erwartete Rendite über dem risikolosen Zinssatz lässt sich für einzelne Anlagen wie folgt bestimmen:

$$R_{i,t} = \alpha_i + \beta_i R_{M,t} + \varepsilon_{i,t} .$$

Für die Varianz der Renditen der einzelnen Anlagen werden der Regressionskoeffizient β_i, die Varianz der Marktrenditen σ_M^2 und die Varianz der Residualrenditen σ_ε^2 benötigt:

$$\sigma_i^2 = \beta_i^2 \sigma_M^2 + \sigma_{\varepsilon,i}^2 .$$

Die Kovarianz zwischen den Renditen von zwei Anlagen wird mit den entsprechenden Regressionskoeffizienten und der Varianz des Marktportfolios ermittelt:

$$\mathrm{Cov}(R_i, R_j) = \beta_i \beta_j \sigma_M^2 .$$

Das Marktmodell im Vergleich zum Modell von Markowitz führt zu einer wesentlichen Reduktion der erforderlichen Parameter von 1325 auf 152 [allgemein formuliert von $(N^2 + 3N)/2$ auf $3N + 2$].

Aufgabe 2

Um den Korrelationskoeffizienten zu berechnen, sind zuerst die Kovarianz und die Standardabweichungen der beiden Anlagen zu bestimmen:

$$\text{Cov}(R_{\text{Gamma}}, R_{\text{Vega}}) = 1{,}3 \times 0{,}6 \times 0{,}15^2 = 0{,}0176,$$

$$\sigma_{\text{Gamma}} = \sqrt{1{,}3^2 \times 0{,}15^2 + 0{,}20^2} = 0{,}2793,$$

$$\sigma_{\text{Vega}} = \sqrt{0{,}6^2 \times 0{,}15^2 + 0{,}30^2} = 0{,}3132.$$

Der Korrelationskoeffizient stellt die standardisierte Kovarianz dar und kann wie folgt ermittelt werden:

$$\rho_{\text{Gamma, Vega}} = \frac{0{,}0176}{0{,}2793 \times 0{,}3132} = 0{,}2012.$$

Aufgabe 3

Die erwartete Rendite eines Portfolios besteht aus der Summe der gewichteten erwarteten Renditen der Aktien X und Y sowie der risikolosen Anlage:

$$E(r_P) = 0{,}40 \times 14\% + 0{,}35 \times 12\% + 0{,}25 \times 3\% = 10{,}55\%.$$

Die Varianz des Portfolios kann wie folgt ermittelt werden:

$$\sigma_P^2 = \beta_P^2 \sigma_M^2 + \sigma_{\varepsilon,P}^2.$$

Um das Portfoliorisiko zu bestimmen, sind das Beta und die Varianz der Residualrenditen des Portfolios zu berechnen. Dabei setzt sich das Portfoliobeta aus der Summe der gewichteten Einzelbetas zusammen (das Beta einer risikolosen Anlage ist 0):

$$\beta_P = 0{,}40 \times 0{,}9 + 0{,}35 \times 1{,}4 + 0{,}25 \times 0 = 0{,}85.$$

Die Varianz der Residualrenditen gibt das unsystematische Risiko des Portfolios wieder. Die Residualrenditen sind im Marktmodell unkorreliert, sodass sich die Varianz des unsystematischen Risikos wie folgt ermitteln lässt:

$$\sigma_{\varepsilon,P}^2 = w_A^2 \sigma_{\varepsilon,A}^2 + w_B^2 \sigma_{\varepsilon,B}^2 + w_F^2 \sigma_{\varepsilon,F}^2$$
$$= 0{,}40^2 \times 0{,}25^2 + 0{,}35^2 \times 0{,}40^2 + 0{,}25^2 \times 0^2 = 0{,}0296.$$

Folglich beträgt das Risiko des Portfolios 27,34 %:

$$\sigma_P = \sqrt{0,85^2 \times 0,25^2 + 0,0296} = 0,2734 \ .$$

Das Portfolio weist eine erwartete Rendite von 10,55 % und eine Standardabweichung der Renditen von 27,34 % auf. Das systematische Risiko beträgt 21,25 % ($= \sqrt{0,85^2 \times 0,25^2}$), während das unsystematische Risiko bei 17,20 % ($= \sqrt{0,0296}$) liegt.

Aufgabe 4

a) Das unsystematische Risiko ist durch die Standardabweichung der Residualrenditen gegeben. Die Aktie A weist eine höhere Standardabweichung der Residualrenditen von 0,22 auf und besitzt demnach ein höheres unternehmensspezifisches Risiko.

Das systematische Risiko wird durch den Regressionskoeffizienten Beta gemessen. Das Beta der Aktie A von 1,4 ist höher als das Beta der Aktie B von 1,1. Folglich verfügt die Aktie A über ein höheres Marktrisiko.

b) Die Regressionsgerade mit Renditen lässt sich von derjenigen mit überschüssigen Renditen für die Aktie B wie folgt umformen:

$$r_B - r_F = \alpha_B + \beta_B (r_M - r_F) \Rightarrow r_B = \alpha_B + r_F (1 - \beta_B) + \beta_B r_M \ .$$

Der Achsenabschnitt der Regressionsgeraden beträgt demnach:

$$\alpha_B + r_F (1 - \beta_B) = -0,02 + 0,03 \times (1 - 1,1) = -0,023 \ .$$

Aufgabe 5

a) Das Beta bzw. die Steigung der Regressionsgeraden spiegelt das Marktrisiko der Aktie wider. Die Aktie von Delta weist eine höhere Steigung der Regressionsgeraden auf und besitzt daher ein höheres systematisches Risiko.

b) Die Aktie von Rho verfügt über ein höheres unsystematisches Risiko, weil die Abweichungen der einzelnen Renditepunkte von der Regressionsgeraden im Vergleich zu Delta größer sind. Der Standardfehler der Schätzung misst die Streuung der Renditepunkte um die Regressionsgerade. Ein großer Standardfehler der Schätzung bedeutet, dass die Renditepunkte weiter weg von der Regressionsgeraden liegen und demnach das unternehmensspezifische Risiko höher ist.

c) Der Determinationskoeffizient (R^2) zeigt, wie gut die Marktrenditen (die unabhängige Variable) die Aktienrenditen (die abhänge Variable) erklären. Ein hoher Determinationskoeffizient bedeutet, dass die Veränderungen der Marktrenditen die Streuung der Aktienrenditen gut beschreiben. Das R^2 kann mit dem Marktmodell wie folgt berechnet werden:

$$R^2 = \frac{\beta_i^2 \sigma_M^2}{\beta_i^2 \sigma_M^2 + \sigma_{\varepsilon,i}^2} \ .$$

Der Determinationskoeffizient ist der Quotient aus der durch die Marktrenditen erklärten Varianz der Aktie dividiert durch die totale Varianz der Aktie. Delta weist ein höheres Beta bzw. eine erklärte Varianz ($\beta_i^2 \sigma_M^2$) sowie eine niedrigere Varianz der Residualrenditen ($\sigma_{\varepsilon,i}^2$) auf. Demzufolge besitzt die Aktie von Delta einen höheren Determinationskoeffizienten.

d) Der Korrelationskoeffizient ergibt sich aus der Wurzel des Determinationskoeffizienten. Delta verfügt wegen des höheren Determinationskoeffizienten über eine höhere Korrelation zum Markt.

e) Alpha stellt den Achsenabschnitt der Regressionsgeraden dar. Alpha ist negativ bei der Delta-Aktie und positiv bei der Rho-Aktie. Daher weist Rho ein höheres Alpha auf.

Aufgabe 6

a) Die Standardabweichung der beiden Aktien kann über den Determinationskoeffizienten ermittelt werden. Der Determinationskoeffizient lässt sich wie folgt berechnen:

$$R^2 = \frac{\beta_i^2 \sigma_M^2}{\beta_i^2 \sigma_M^2 + \sigma_{\varepsilon,i}^2} = \frac{\text{erklärte Varianz}}{\text{totale Varianz}}.$$

Wird diese Gleichung nach der totalen Varianz der Aktie A (σ_A^2) aufgelöst, erhält man für die Standardabweichung der Aktie A einen Wert von 0,4648:

$$\sigma_A = \sqrt{\frac{\beta_A^2 \sigma_M^2}{R^2}} = \sqrt{\frac{1,1^2 \times 0,25^2}{0,35}} = 0,4648.$$

Die Standardabweichung der Aktie B von 0,6325 kann wie folgt bestimmt werden:

$$\sigma_B = \sqrt{\frac{\beta_B^2 \sigma_M^2}{R^2}} = \sqrt{\frac{1,6^2 \times 0,25^2}{0,40}} = 0,6325.$$

b)
$$\text{systematischer Teil der Varianz von Aktie A} =$$
$$\beta_A^2 \sigma_M^2 = 1,1^2 \times 0,25^2 = 0,07563$$

Der unsystematische Teil der Varianz von Aktie A ist die Differenz zwischen der Varianz und dem systematischen Teil der Varianz:

$$\sigma_{\varepsilon,A}^2 = \sigma_A^2 - \beta_A^2 \sigma_M^2 = 0,21607 - 0,07563 = 0,14044.$$
$$\text{systematischer Teil der Varianz von Aktie B} = \beta_B^2 \sigma_M^2 = 1,6^2 \times 0,25^2 = 0,16$$
$$\text{unsystematischer Teil der Varianz von Aktie B} = \sigma_{\varepsilon,B}^2 = \sigma_B^2 - \beta_B^2 \sigma_M^2$$
$$= 0,40 - 0,16 = 0,24$$

c)
$$\text{Cov}(R_A, R_B) = \beta_A \beta_B \sigma_M^2 = 1{,}1 \times 1{,}6 \times 0{,}25^2 = 0{,}11$$

$$\rho_{A,B} = \frac{\text{Cov}(R_A, R_B)}{\sigma_A \sigma_B} = \frac{0{,}11}{0{,}4648 \times 0{,}6325} = 0{,}3742$$

d) Zunächst ist das Beta des Portfolios von 1,375 zu bestimmen:

$$\beta_P = w_A \beta_A + w_B \beta_B = 0{,}45 \times 1{,}1 + 0{,}55 \times 1{,}6 = 1{,}375 \,.$$

Die Residualrenditen sind unkorreliert. Der unsystematische Teil der Portfoliovarianz von 0,10104 kann wie folgt berechnet werden:

$$\sigma_{\varepsilon,P}^2 = w_A^2 \sigma_{\varepsilon,A}^2 + w_B^2 \sigma_{\varepsilon,B}^2 = 0{,}45^2 \times 0{,}14044 + 0{,}55^2 \times 0{,}24 = 0{,}10104 \,.$$

Die Portfoliovarianz beträgt 0,2192 und lässt sich folgendermaßen berechnen:

$$\sigma_P^2 = \beta_P^2 \sigma_M^2 + \sigma_{\varepsilon,P}^2 = 1{,}375^2 \times 0{,}25^2 + 0{,}10104 = 0{,}2192 \,.$$

Die Standardabweichung der Portfoliorenditen ist demnach 46,82 % ($= \sqrt{0{,}2192}$). Die Portfoliovarianz von 0,2192 kann auch über die folgende Formel berechnet werden:

$$\sigma_P^2 = w_A^2 \sigma_A^2 + w_B^2 \sigma_B^2 + 2 w_A w_B \text{Cov}(R_A, R_B)$$
$$= 0{,}45^2 \times 0{,}21607 + 0{,}55^2 \times 0{,}40 + 2 \times 0{,}45 \times 0{,}55 \times 0{,}11 = 0{,}2192 \,.$$

Der systematische Teil der Portfoliovarianz beträgt 0,11816:

$$\beta_P^2 \sigma_M^2 = 1{,}375^2 \times 0{,}25^2 = 0{,}1182 \,.$$

Der unsystematische Teil der Portfoliovarianz ist 0,101:

$$\sigma_{\varepsilon,p}^2 = \sigma_P^2 - \beta_P^2 \sigma_M^2 = 0{,}2192 - 0{,}1182 = 0{,}101 \,.$$

Aufgabe 7

$$\beta_{\text{adjustiert}} = 0{,}333 + 0{,}667 \times 1{,}4 = 1{,}267$$
$$E(r) = 2\,\% + 6\,\% \times 1{,}267 = 9{,}602\,\%$$

Aufgabe 8

$$\beta_{\text{Aktie}} = \frac{\rho_{\text{Aktie, Markt}} \times \sigma_{\text{Aktie}}}{\sigma_{\text{Markt}}} = \frac{0{,}4 \times 36\,\%}{18\,\%} = 0{,}8$$
$$E(r_{\text{Aktie}}) = 2\,\% + (14\,\% - 2\,\%) \times 0{,}8 = 11{,}6\,\%$$

Aufgabe 9

a)
$$E(r_{Mondo}) = r_F + [E(r_M) - r_F]\beta$$

Wird die CAPM-Gleichung nach der erwarteten Marktrendite $E(r_M)$ aufgelöst, erhält man einen Wert von 12 %:

$$E(r_M) = \frac{E(r_{Mondo}) - r_F}{\beta} + r_F = \frac{14\% - 2\%}{1{,}2} + 2\% = 12\%.$$

Die Marktrisikoprämie beträgt demnach 10 %:

$$E(r_M) - r_F = 12\% - 2\% = 10\%.$$

b) Die erwartete Rendite der Waro AG liegt bei 10 %:

$$E(r_{Waro}) = 2\% + (12\% - 2\%) \times 0{,}8 = 10\%.$$

c)
$$\beta_P = w_{Mondo}\beta_{Mondo} + (1 - w_{Mondo})\beta_{Waro}$$

Setzt man die Betas ein, ergibt sich folgende Gleichung:

$$1{,}1 = w_{Mondo} \times 1{,}2 + (1 - w_{Mondo}) \times 0{,}8.$$

Wird diese Gleichung nach dem prozentualen Anteil von Mondo AG (w_{Mondo}) aufgelöst, erhält man für w_{Mondo} 0,75. Das Gewicht der Aktie Mondo AG im Portfolio beträgt 75 %, während die Waro AG einen prozentualen Anteil von 25 % ausmacht. Die erwartete Portfoliorendite von 13 % kann wie folgt berechnet werden:

$$E(r_P) = 2\% + (12\% - 2\%) \times 1{,}1 = 13\%$$

oder

$$E(r_P) = 0{,}75 \times 14\% + 0{,}25 \times 10\% = 13\%.$$

Aufgabe 10

$$\beta_{Aktie\ Z} = \frac{Cov_{Aktie\ Z,\ Markt}}{\sigma^2_{Markt}} = \frac{0{,}0455}{0{,}0785} = 0{,}58$$

$$E(r_{Aktie\ Z}) = 1{,}5\% + 7{,}5\% \times 0{,}58 = 5{,}85\%$$

Aufgabe 11

Aktien	Erwartete Rendite gemäß CAPM	Erwartete Rendite des Analysten	Über- oder unterbewertet
A	12,4 % (= 2 % + 8 % × 1,3)	14 %	unterbewertet
B	9,2 % (= 2 % + 8 % × 0,9)	9 %	überbewertet

Die Aktie A besitzt ein positives Alpha von 1,6 % (= 14 % − 12,4 %) und ist demnach unterbewertet. Im Gegensatz dazu ist die Aktie B mit einem negativen Alpha von 0,2 % überbewertet.

Aufgabe 12

$$E(r_{Gamma}) = 2\% + (8\% - 2\%) \times 1,4 = 10,4\%$$

$$\beta_{Vega} = \frac{Cov_{Vega,\ HDAX}}{\sigma^2_{HDAX}} = \frac{0,06}{0,20^2} = 1,5$$

$$E(r_{Vega}) = 2\% + (8\% - 2\%) \times 1,5 = 11\%$$

$$E(r_P) = 0,3 \times 10,4\% + 0,7 \times 11\% = 10,82\%$$

Die erwartete Portfoliorendite von 10,82 % kann auch wie folgt berechnet werden:

$$\beta_P = 0,3 \times 1,4 + 0,7 \times 1,5 = 1,47\ ,$$

$$E(r_P) = 2\% + (8\% - 2\%) \times 1,47 = 10,82\%\ .$$

Aufgabe 13

$$\beta_{Aktie} = \frac{Cov_{Aktie,\ Markt}}{\sigma^2_{Markt}} = \frac{0,075}{0,27^2} = 1,0288$$

Die erwartete CAPM-Rendite der Aktie beträgt 10,2 %:

$$E(r_{Aktie}) = 3\% + (10\% - 3\%) \times 1,0288 = 10,2\%\ .$$

Die erwartete Rendite der Aktie aus der Analyse liegt bei 19 %:

$$E(r_{Aktie}) = \frac{(EUR\ 228 - EUR\ 200) + EUR\ 10}{EUR\ 200} = 19\%\ .$$

Das Alpha von 8,8 % lässt sich wie folgt berechnen:

$$\alpha = 19\% - 10,2\% = 8,8\%\ .$$

Ein positives Alpha bedeutet, dass die Aktie oberhalb der Wertpapiermarktlinie liegt und demzufolge unterbewertet ist. In Anlehnung an das CAPM sollte die Analyseabteilung der Bank eine Kaufempfehlung verabschieden.

Aufgabe 14

Das Beta der risikolosen Anlage beträgt 0, während das Beta des Marktportfolios bei 1 liegt. Das Portfoliobeta von 0,7875 kann wie folgt ermittelt werden:

$$\beta_P = 0{,}25 \times 0{,}75 + 0{,}25 \times 1{,}4 + 0{,}25 \times 1 = 0{,}7875\,.$$

Aufgabe 15

Zunächst ist das Beta des Portfolios zu berechnen. Der Marktwert des Gesamtportfolios beträgt EUR 154.000. Die Gewichte der einzelnen Aktien im Portfolio können wie folgt ermittelt werden:

$$w_{Gamma} = \frac{500 \times EUR\ 100}{EUR\ 154.000} = 0{,}3247\,,$$

$$w_{Delta} = \frac{200 \times EUR\ 200}{EUR\ 154.000} = 0{,}2597\,,$$

$$w_{Rho} = \frac{800 \times EUR\ 50}{EUR\ 154.000} = 0{,}2597\,,$$

$$w_{Vega} = \frac{1200 \times EUR\ 20}{EUR\ 154.000} = 0{,}1558\,.$$

Das Beta des Portfolios von 1,0493 ergibt sich aus der Summe der gewichteten Betas:

$$\beta_P = 0{,}3247 \times 1{,}2 + 0{,}2597 \times 1{,}1 + 0{,}2597 \times 0{,}6 + 0{,}1558 \times 1{,}4 = 1{,}0493\,.$$

In Anlehnung an das CAPM beträgt die erwartete, über dem risikolosen Zinssatz liegende Rendite 14,69 %:

Erwartete Rendite über risikolosem Zinssatz $= 14\,\% \times 1{,}0493 = 14{,}69\,\%$.

Lösungen zu Kapitel 5 „Multifaktorenmodelle"

Aufgabe 1
Gemäß dem APT-Modell lässt sich die erwartete Rendite wie folgt berechnen:

$$E(r_P) = r_F + \beta_{INFL} F_{INFL,t} + \beta_{BIP} F_{BIP,t} + \varepsilon_t .$$

Der Fehlerterm beträgt 0 ($\varepsilon_t = 0$), da es sich um gut diversifizierte Portfolios handelt.

$$E(r_A) = 0{,}03 + 0{,}9 \times 0{,}04 + 1{,}5 \times 0{,}03 = 0{,}111 = 11{,}1\,\%$$
$$E(r_B) = 0{,}03 + 1{,}5 \times 0{,}04 + 2{,}2 \times 0{,}03 = 0{,}156 = 15{,}6\,\%$$

Aufgabe 2

$$\text{Gesamtrendite} = \text{Dividendenrendite} + \text{Kapitalgewinnrendite}$$

Der erwartete Preis der Aktie A von EUR 48,50 kann wie folgt berechnet werden:

$$\text{Dividendenrendite} = \frac{\text{EUR } 1{,}50}{\text{EUR } 45{,}00} = 3{,}333\,\% ,$$
$$\text{erwarteter Kapitalgewinn} = 11{,}1\,\% - 3{,}333\,\% = 7{,}767\,\% ,$$
$$\text{erwarteter Aktienpreis} = \text{EUR } 45 \times 1{,}07767 = \text{EUR } 48{,}50 .$$

Der erwartete Preis der Aktie B von EUR 33,18 kann folgendermaßen ermittelt werden:

$$\text{Dividendenrendite} = \frac{\text{EUR } 1{,}50}{\text{EUR } 30{,}00} = 5\,\% ,$$
$$\text{erwarteter Kapitalgewinn} = 15{,}6\,\% - 5\,\% = 10{,}6\,\% ,$$
$$\text{erwarteter Aktienpreis} = \text{EUR } 30 \times 1{,}106 = \text{EUR } 33{,}18 .$$

Aufgabe 3

Kriterien	CAPM	APT
Art der Gleichung	linear	linear
Anzahl Risikofaktoren	1	≥ 1
Risikofaktorprämie	$[E(r_M) - r_F]$	F_j
Faktorsensitivitäten	β_i	β_{ij}
„Null-Beta"-Rendite	r_F (risikoloser Zinssatz)	r_F (risikoloser Zinssatz)

Aufgabe 4

Die konzeptionellen Unterschiede zwischen APT und CAPM sind:

- Die erwartete Rendite beim APT-Modell ist eine Funktion von verschiedenen statistisch relevanten systematischen Risikofaktoren (Multifaktorenmodell). Beim CAPM ist die erwartete Rendite ausschließlich eine Funktion des Marktportfolios, das aus sämtlichen risikobehafteten Anlagen besteht (Einfaktormodell).
- Beim CAPM ist das Marktportfolio bzw. die Marktrisikoprämie als Risikofaktor definiert. Demgegenüber sind beim APT-Modell die systematischen Risikofaktoren nicht bekannt bzw. nicht definiert. Diese müssen bei der Anwendung der APT zunächst bestimmt werden.
- In der Praxis lässt sich ein Marktportfolio nicht eindeutig ermitteln, da es unmöglich ist, sämtliche risikobehafteten Vermögenswerte auf dem Markt zu eruieren und in ein Portfolio zusammenzufassen. Daher stellt der im CAPM verwendete Aktienindex lediglich eine Approximation des wahren Risikofaktors dar. Das APT-Modell ist von dieser Annahme und des daraus resultierenden Fehlers auf die erwartete Rendite nicht betroffen.
- Bei der APT beeinflussen mehrere systematische Risikofaktoren die erwartete Rendite. Unterschiedliche Anlagen weisen verschiedene Faktorsensitivitäten auf, da die systematischen Risiken die Anlagen unterschiedlich stark beeinträchtigen. Das CAPM hingegen weist lediglich eine Faktorsensitivität auf, nämlich das Beta. Dieser Faktor zeigt die Sensitivität des Vermögenswerts zu Änderungen des Marktportfolios.
- Das CAPM, das auf der Portfoliotheorie von Markowitz basiert, unterstellt normalverteilte Aktienpreisänderungen. Die im Modell ermittelten Renditen, Varianzen und Kovarianzen beruhen auf dieser Annahme. In der Praxis kann beobachtet werden, dass die Renditen nicht normalverteilt sind. Das APT-Modell kennt eine solche Annahme nicht.
- Das CAPM unterstellt quadratische Nutzenfunktionen, wohingegen die APT ohne diese Annahme auskommt. Annahmen bezüglich Rendite-Risiko-Präferenzen der Investoren sind beim APT-Modell nicht erforderlich.
- Das CAPM wie auch die APT sind Gleichgewichtsmodelle. Ist im CAPM eine Anlage hinsichtlich der Beziehung zwischen erwarteter Rendite und Beta unter- oder

überbewertet, findet eine Preiskorrektur durch eine große Anzahl Investoren mit relativ kleinen Geldbeträgen statt. Im Gegensatz dazu braucht es im APT-Modell lediglich eine limitierte Anzahl von Investoren, die mit großen Geldbeträgen das Gleichgewicht wieder herstellen.

Aufgabe 5

$$\text{Aktienrendite} = 8\,\% + (-1{,}9) \times (3\,\% - 0{,}5\,\%) + (-2{,}5) \times (2\,\% - 5\,\%) + 2{,}5\,\%$$
$$= 13{,}25\,\%$$

Aufgabe 6

Die Faktorsensitivität des Portfolios hinsichtlich einer unerwarteten Veränderung der Inflation beträgt 0,5 und berechnet sich als Summe der gewichteten Faktorsensitivitäten wie folgt:

$$0{,}5 \times (-1) + 0{,}5 \times 2 = 0{,}5\,.$$

Eine unerwartete Erhöhung der Inflation um 1 % führt zu einem Anstieg der Portfoliorendite um 0,5 % ($= 0{,}5 \times 1\,\%$).

Aufgabe 7

Die Summe der Portfoliogewichte ist 1:

$$w_X + w_Y = 1\,.$$

Wird diese Gleichung nach w_X aufgelöst, erhält man folgenden Ausdruck:

$$w_X = 1 - w_Y\,.$$

Die Portfolios X und Y müssen derart kombiniert werden, dass die Sensitivität gegenüber dem Inflationsfaktor 0 beträgt. Die Faktorsensitivitäten gegenüber der Inflation sind für die Portfolios X und Y 1 respektive 2. Mit Einbezug der Portfoliogewichte ergibt sich folgende Gleichung:

$$w_X + 2w_Y = 0\,.$$

Wird für w_X der Term $1 - w_Y$ eingesetzt, so erhält man für w_Y einen Wert von -1 und für w_X einen Wert von 2:

$$(1 - w_Y) + 2w_Y = 0\,,$$
$$w_Y = -1\,,$$
$$w_X = 2\,.$$

Die Gewichte von Y und X im neuen Portfolio sind -1 bzw. 2. Die Summe der Gewichte ist 1 ($= -1 + 2$). Investiert beispielsweise der Portfoliomanager EUR 2 in X, dann geht er eine Short-Position in die Anlage Y von EUR 1 ein.

Die erwartete Rendite von 0,12 lässt sich als gewichteter Durchschnitt der erwarteten Renditen von X und Y berechnen [$= 2{,}0 \times 0{,}1 + (-1) \times 0{,}08$]. Die Faktorsensitivität gegenüber dem Bruttoinlandsprodukt von $-1{,}5$ kann ebenfalls als gewichteter Durchschnitt ermittelt werden [$= 2{,}0 \times 0{,}5 + (-1) \times 2{,}5$]. Die neue Portfoliorendite beträgt demnach:

$$r_P = 0{,}12 - 1{,}5 \times F_{BIP} \ .$$

Aufgabe 8

a) Das Portfolio A weist ein Gewicht von w_A auf, während das Gewicht der Anlagekombination B $w_B = 1 - w_A$ ist. Das führt bei einer Faktorsensitivität des Business Cycle Risk von 1,71 zu folgender Gleichung:

$$2{,}11 w_A + 1{,}51 \times (1 - w_A) = 1{,}71 \ .$$

Wird diese Gleichung nach w_A aufgelöst, erhält man für w_A und w_B folgende Werte:

$$w_A = 0{,}333 \ ,$$
$$w_B = 1 - 0{,}333 = 0{,}667 \ .$$

Um ein Portfolio aus den Anlagekombinationen A und B zu erstellen, das die gleiche Faktorsensitivität gegenüber dem Business Cycle Risk wie der S&P 500 aufweist, benötigt man eine Gewichtung für A von 0,333 und für B von 0,667.

b) Werden die Gewichte von 0,333 für A und 0,667 für B verwendet, erhält man für das neue Portfolio eine Faktorsensitivität hinsichtlich der Inflation von $-0{,}37$:

$$0{,}333 \times (-0{,}15) + 0{,}667 \times (-0{,}48) = -0{,}37 \ .$$

Aufgabe 9

Die Gleichung des Multifaktorenmodells, wenn das unternehmensspezifische Risiko 0 beträgt, lautet für die Berechnung der erwarteten Rendite wie folgt:

$$E(r_P) = r_F + \beta_{P1} [E(r_{F1}) - r_F] + \beta_{P2} [E(r_{F2}) - r_F] \ .$$

Die Risikoprämie für den systematischen Risikofaktor lässt sich als Differenz zwischen der erwarteten Rendite des Risikofaktors und dem risikolosen Zinssatz berechnen (Risikoprämie für $F_1 = E(r_{F1}) - r_F$). Nimmt man die Portfolios X und Y, können folgende

Gleichungen aufgeführt werden:

$$0{,}02 + 1{,}2 \times F_1 + 1{,}6 \times F_2 = 0{,}24 \,,$$
$$0{,}02 + 1{,}8 \times F_1 + (-0{,}6) \times F_2 = 0{,}16 \,.$$

Werden die beiden Gleichungen nach den Risikoprämien für F_1 und F_2 aufgelöst, erhält man folgende Werte:

$$\text{Risikoprämie für } F_1 = 0{,}099 \,,$$
$$\text{Risikoprämie für } F_2 = 0{,}063 \,.$$

Die Rendite-Risiko-Beziehung lässt sich allgemein wie folgt schreiben:

$$E(r_P) = 2\% + \beta_{P1} \times 0{,}099 + \beta_{P2} \times 0{,}063 \,.$$

Aufgabe 10

Das Portfolio B hat ein Beta von 0, sodass die erwartete Rendite von 3 % dem risikolosen Zinssatz entspricht. Portfolio A weist eine Risikoprämie von 3,57 % auf, während bei Anlagekombination C die Prämie bei 5,71 % liegt:

$$\text{Risikoprämie von A} = \frac{0{,}08 - 0{,}03}{1{,}4} = 0{,}0357 \,,$$
$$\text{Risikoprämie von C} = \frac{0{,}07 - 0{,}03}{0{,}7} = 0{,}0571 \,.$$

Die unterschiedlichen Risikoprämien von A und C bedeuten, dass eine Arbitragemöglichkeit besteht. Zum Beispiel kann ein Portfolio aus A und B konstruiert werden, welches das gleiche Beta wie C von 0,7 aufweist. Ein solches Portfolio setzt sich aus 50 % von A und 50 % von B zusammen:

$$\text{Beta von A und B} = 0{,}5 \times 1{,}4 + 0{,}5 \times 0 = 0{,}7 \,.$$

Die erwartete Rendite von A und B liegt bei 5,5 % und kann wie folgt berechnet werden:

$$\text{Erwartete Rendite von A und B} = 0{,}5 \times 8\% + 0{,}5 \times 3\% = 5{,}5\% \,.$$

Das Portfolio bestehend aus A und B hat das gleiche Beta von 0,7 wie C, verfügt aber über eine niedrigere erwartete Rendite von 5,5 %. Folglich besteht eine Arbitragemöglichkeit, indem man das Portfolio aus A und B für EUR 100.000 leer verkauft und das Portfolio C für EUR 100.000 kauft. Die Nettoinvestition dieser Arbitragetransaktionen beträgt EUR 0, während der risikolose Arbitragegewinn bei EUR 1500 liegt.

Portfolios	Cashflows zu Beginn der Arbitrage (in EUR)	Cashflows am Ende der Arbitrage (in EUR)	Faktorsensitivitäten
Long C	−100.000	107.000	0,7
Short A und B	100.000	−105.500	−0,7
Total	0	1500	0,0

Aufgabe 11

Die erwartete Rendite der Aktie von 6 % lässt sich gemäß dem APT-Modell wie folgt berechnen:

$$E(r_{Aktie}) = 3\% + 0{,}5 \times 4\% + 1{,}5 \times 1\% + (-0{,}25) \times 2\% = 6\%\,.$$

In Anlehnung an die APT beträgt die erwartete Rendite der Aktie 6 %. Die erwartete Rendite auf dem Markt ist 8 %. Daher ist die Aktie gemäß APT unterbewertet.

Aufgabe 12

Da alle Aktien über das gleiche Beta verfügen, wird mit dieser Long-Short-Strategie das Marktrisiko beseitigt. Das unternehmensspezifische Risiko hingegen ist nicht durch Diversifikation eliminiert. Die Rendite dieser Strategie berechnet sich aus dem Alpha der Long- und Short-Positionen sowie aus der risikolosen Anlage wie folgt:

$$\text{Rendite der Strategie in \%} = \alpha_{Long} - \alpha_{Short} + r_F = 3\% - (-1\%) + 2\% = 6\%\,.$$

Die Rendite in Schweizer Franken ist demnach CHF 30.000 und kann wie folgt bestimmt werden:

$$\text{Rendite der Strategie in CHF} = \text{CHF } 500.000 \times 0{,}03 + (-\text{CHF } 500.000) \times (-0{,}01) \\ + \text{CHF } 500.000 \times 0{,}02 = \text{CHF } 30.000\,.$$

Jede Aktienposition besteht aus CHF 25.000 bzw. einem Gewicht von 5 % für die entsprechenden Long- und Short-Positionen. Demzufolge kann die Varianz der Long-Short-Strategie wie folgt ermittelt werden, wobei die Verlustgefahr der risikolosen Anlage 0 ist ($\sigma_F = 0$):

$$\text{Varianz der Strategie} = \sigma^2_{Strategie} = \sigma^2_{Long} + \sigma^2_{Short}$$
$$= 20 \times [0{,}05 \times 0{,}25]^2 + 20 \times [0{,}05 \times 0{,}25]^2 = 0{,}00625\,.$$

Standardabweichung der Strategie in %

$$= \sigma_{Strategie} = \sqrt{0{,}00625} = 0{,}079057 = 7{,}9057\%$$

Standardabweichung der Strategie in Schweizer Franken =
$$\text{CHF } 500.000 \times 0{,}079057 = \text{CHF } 39.528{,}50$$

Die Rendite der Long-Short-Strategie beträgt 6 %, während die Standardabweichung bei 7,906 % liegt.

Aktien

Lösungen zu Kapitel 6 „Aktienanalyse"

Aufgabe 1

Die niedrigen Markteintrittsbarrieren haben einen dämpfenden Effekt auf die Rentabilität. Die Gefahr neuer Markteintritte begrenzt das Gewinnpotential, da die Preise niedrig gehalten werden oder die Investitionen ansteigen, um die Konkurrenten fernzuhalten. Der starke Wettbewerb unter den Marktteilnehmern führt ebenfalls zu einer Erosion der Rentabilität. Im Gegensatz dazu wirken sich die zahlreichen Lieferanten positiv auf die Rentabilität aus. Der Wettbewerb unter den Lieferanten beschränkt deren Preisverhandlungsmacht.

Aufgabe 2

Die verbleibenden drei Wettbewerbsfaktoren sind die Rivalität zwischen den bestehenden Unternehmen, die Bedrohung durch neue Marktteilnehmer und die Gefahr durch Substitute.

In 2 Jahren:

- Die Rivalität zwischen den Unternehmen ist sehr gering, da die Gamma AG über das 5-jährige Patent für die neue Technologie verfügt.
- Während der 5-jährigen Patentzeit ist die Bedrohung durch neue Marktteilnehmer gering.
- Die Gamma AG verfügt über das einzige Produkt auf dem Markt, das durch den Nutzer selbst angepasst werden kann. Daher ist die Gefahr von Substituten in den nächsten 2 Jahren relativ niedrig.

Die drei Wettbewerbsfaktoren ermöglichen der Gamma AG, in den nächsten 5 Jahren eine starke Wettbewerbsposition in der Industrie aufzubauen.

In 7 Jahren:

- Nach Ablauf der 5-jährigen Patentdauer ist davon auszugehen, dass die Wettbewerbsintensität zunimmt. Die Mitbewerber werden Übersetzungsgeräte mit ähnlichen Funktionalitäten herstellen, was die Preismacht der Gamma AG mindern und einen negativen Einfluss auf die Rentabilität haben wird.
- Die Bedrohung durch den Markteintritt neuer Wettbewerber steigt, weil das Patent abgelaufen ist.
- Die Gefahr von Substituten steigt, da die bestehenden Unternehmen in der Elektronikindustrie Produkte mit neuen Funktionalitäten entwickeln und anbieten können.

Die drei Wettbewerbsfaktoren deuten darauf hin, dass die Gamma AG – ohne Innovationen – ihre starke Wettbewerbsposition in der Industrie verlieren wird, was sich negativ auf Wachstum und Rentabilität auswirkt.

Aufgabe 3

Der Aktienpreis am Ende des 1. Jahres beträgt EUR 88,15 (= EUR 86 × 1,025). Die erwartete Aktienrendite von 9,03 % kann wie folgt berechnet werden:

$$r_t = \frac{(EUR\ 88{,}15 - EUR\ 83{,}60) + EUR\ 3}{EUR\ 83{,}60} = 9{,}03\ \%\ .$$

Das um die Rückkehr zum Mittelwert von 1 adjustierte Beta beträgt 1,048 (= 0,333 + 0,667 × 1,072). In Anlehnung an das CAPM ergibt sich eine Renditeerwartung von 6,05 %:

$$E(r_t) = 0{,}6\ \% + 5{,}2\ \% \times 1{,}048 = 6{,}05\ \%\ .$$

Das Ex-ante-Alpha ist 2,98 % (= 9,03 % − 6,05 %) und deutet darauf hin, dass die Aktie unterbewertet ist.

Aufgabe 4

1. Aussage ist falsch. Die technische Analyse beruht auf der Annahme, dass die Märkte nicht effizient und rational sind. Vielmehr tendieren Menschen dazu, sich in ähnlichen Situationen gleich zu verhalten. Daraus resultieren Markttrends und -muster, die sich wiederholen und daher ziemlich vorhersehbar sind.
2. Aussage ist richtig. Trends können nur dann erkannt werden, wenn diese bereits eingetreten sind. Folglich wird etwas Zeit verstreichen, bevor ein neuer Trend anhand des Chartbilds und der Indikatoren identifiziert werden kann.

5 Lösungen zu Kapitel 6 „Aktienanalyse"

3. Aussage ist richtig. Bei Rohstoffen und Währungen fallen keine Cashflows an. Außerdem gibt es keine fundamentalen Daten aus Jahresrechnungen, sodass ein Bewertungsprozess im Rahmen der Fundamentalanalyse nicht angewandt werden kann.
4. Aussage ist falsch. Ein steigendes Handelsvolumen ist ein Indiz, dass viele Marktakteure von ihrer Meinung überzeugt sind, sodass der vorliegende Trend fortgesetzt wird.
5. Aussage ist falsch. Um eine Abwärtstrendlinie zu zeichnen, müssen die Höchstpreise miteinander verbunden werden.
6. Aussage ist falsch. Wird die Unterstützungslinie (Widerstandslinie) dauerhaft durchbrochen, wird sie zu einer Widerstandslinie (Unterstützungslinie).
7. Aussage ist falsch. Die Bollinger-Bänder bestehen aus einer gleitenden Durchschnittslinie und je einer Linie darüber und darunter, die eine bestimmte Anzahl Standardabweichungen von der mittleren gleitenden Durchschnittslinie entfernt sind.
8. Aussage ist falsch. Die Aktienmärkte bewegen sich wellenförmig, und zwar entsprechend den Fibonacci-Verhältniszahlen.

Aufgabe 5

Die Preisaufwärtslinie lässt sich im Chartbild einzeichnen, indem die Tiefstpreise miteinander verbunden werden. Der Preisaufwärtstrend wird gegen Ende Januar 2014 ungefähr bei einem Preisniveau von EUR 85 beendet.

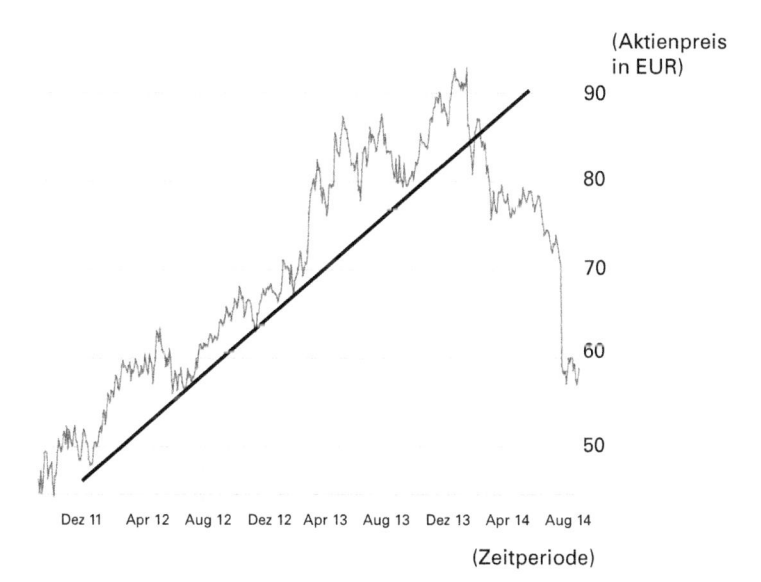

Aufgabe 6

Die Widerstandslinie, die im Chartbild eingetragen ist, liegt ungefähr bei einem Preis von EUR 138,50.

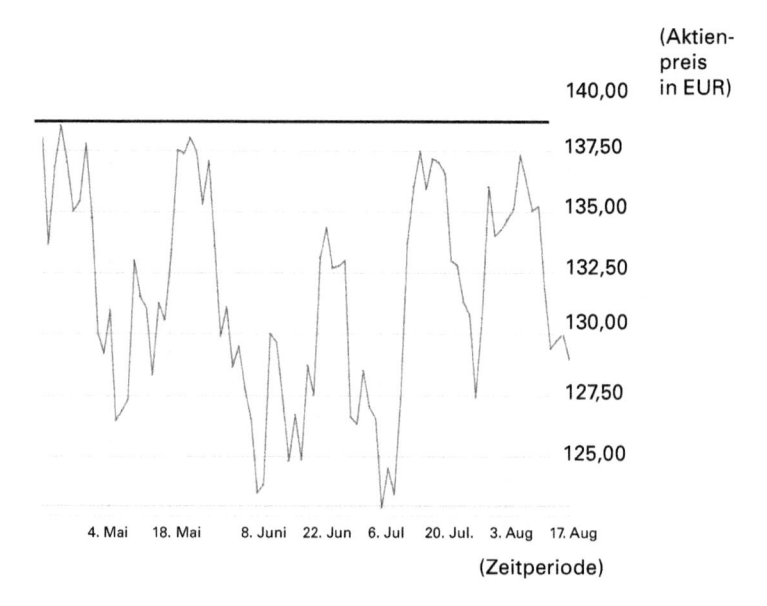

Lösungen zu Kapitel 7 „Aktienbewertung"

Aufgabe 1

1. Aussage ist falsch. In entwickelten Ländern wie etwa in Deutschland und der Schweiz zeigen empirische Studien, dass die Finanzmärkte grundsätzlich in der halbstrengen Form informationseffizient sind. Das heißt, dass historische und neue öffentliche Informationen in den Aktienpreisen enthalten sind. Allerdings bestehen Marktpreisanomalien, die eine überdurchschnittliche Rendite (Alpha) ermöglichen. In Entwicklungsländern hingegen sind die Märkte grundsätzlich in der schwachen Form informationseffizient. Lediglich historische Informationen spiegeln sich im Aktienpreis wider. Somit werden nicht sämtliche Informationen in den Aktienpreisen akkurat wiedergegeben. Darüber hinaus werden nicht alle Aktien öffentlich gehandelt, sodass bei nicht börsennotierten Wertpapieren keine Marktpreise vorhanden sind. Außerdem gibt es börsennotierte Aktien, die nicht regelmäßig gehandelt werden. Der letzte verfügbare Marktpreis kann bereits veraltet sein, was dazu führt, dass die aktuellen Informationen nicht im Preis enthalten sind.
2. Aussage ist richtig. Damit der innere Aktienwert berechnet werden kann, sind die Bewertungsparameter wie etwa das Wachstum, das Risiko und die erwarteten Cashflows zu schätzen. Ohne das Verständnis der Anlagecharakteristiken können die Bewertungsparameter nicht akkurat festgelegt werden.
3. Aussage ist falsch. Die Aktienbewertung von Unternehmen mit finanziellen und betrieblichen Schwierigkeiten erfolgt zu Liquidationswerten, da die Prämisse der Unternehmensfortführung nicht mehr gewährleistet ist. Dabei ergibt sich der Unternehmenswert aus der unterstellten Veräußerung der einzelnen Vermögenswerte.
4. Aussage ist richtig. Bei rentablen Unternehmen wird das Going-Concern-Prinzip unterstellt. Der Liquidationswert spielt keine Rolle, da Werte vernichtet werden, wenn Vermögenswerte einzeln veräußert werden.
5. Aussage ist richtig. Die Annahme der Unternehmensfortführung hat im Vergleich zur Liquidationsannahme einen höheren Wert der Warenvorräte zur Folge. In der

Regel können Waren im normalen Geschäftsverlauf zu einem höheren Wert verkauft werden als Waren, die bei einer Liquidation sofort veräußert werden müssen.
6. Aussage ist falsch. Mit den absoluten Bewertungsverfahren – Cashflow-Modelle, Wertschöpfungsmodelle und Optionspreistheorie – wird der innere Aktienwert ermittelt, der für die Beurteilung einer etwaigen Fehlbewertung mit dem Marktwert der Aktie verglichen wird. Demgegenüber stellen Multiplikatoren ein relatives Bewertungsmodell dar. Multiplikatoren wie das Kurs-Gewinn-Verhältnis und das Enterprise-Value-EBITDA-Verhältnis werden mit dem entsprechenden Multiplikator einer Peergroup verglichen. Dabei wird untersucht, ob die Aktie relativ zur Vergleichsgruppe richtig bewertet ist. Die Multiplikatoren zählen zu den relativen Bewertungsmodellen, obwohl sie auch für die Berechnung des inneren Aktienwerts eingesetzt werden können.

Aufgabe 2

Das Bewertungsmodell muss in der Lage sein, die Eigenschaften des Unternehmens zu erfassen. Darüber hinaus hängt die Auswahl des Bewertungsmodells von der Verfügbarkeit und der Qualität der Daten ab. Schließlich muss es mit dem Zweck der Bewertung konsistent sein.

Das negative Ergebnis schließt die Anwendung des Kurs-Gewinn-Verhältnisses aus. Andere Multiplikatoren wie etwa das Kurs-Buchwert-Verhältnis oder das Enterprise-Value-EBITDA-Verhältnis können hingegen eingesetzt werden. Die Kappa AG schüttet in der nächsten Zeit keine Dividenden aus, sodass ein Dividendendiskontierungsmodell nicht, wohl aber ein Free-Cashflow-Modell angemessen ist. Infolge der negativen Rentabilität und der hohen Investitionstätigkeit ist der Barwert der frei verfügbaren Cashflows in der Detailplanungsphase negativ, sodass sich der positive Aktienwert aus dem Terminal Value ergibt. Das Free-Cashflow-Modell ist ebenfalls mit dem Bewertungszweck konsistent, da eine Übernahme durch einen größeren Mitbewerber wahrscheinlich ist. Einen weiteren Ansatz stellt die Bewertung mit Realoptionen dar. Dabei werden die einzelnen Produkte in der Forschungs- und Entwicklungsphase als Realoptionen betrachtet und mit einem Optionspreismodell bewertet. Um den Unternehmenswert bestimmen zu können, sind die ermittelten Realoptionswerte zum optionsfreien DCF-Wert hinzuzuzählen.

Aufgabe 3

a) Die erwartete CAPM-Rendite beläuft sich auf 7,42 %:

$$E(r) = 1{,}7\% + 5{,}2\% \times 1{,}1 = 7{,}42\%\,.$$

Der innere Wert der Aktie beträgt EUR 135,60 und lässt sich wie folgt berechnen:

$$P_0 = \frac{\text{EUR } 5 \times 1{,}036}{0{,}0742 - 0{,}036} = \text{EUR } 135{,}60\,.$$

b) Die Aktie der Vega AG ist überbewertet, da der Marktpreis von EUR 150 über dem inneren Wert von EUR 135,60 liegt.

Aufgabe 4

a) Bevor die frei verfügbaren Equity-Cashflows berechnet werden, ist die Veränderung des Nettoumlaufvermögens für das Jahr 2017 zu bestimmen (in tausend CHF):

	2017	2016	Veränderungen
Forderungen aus Lieferungen und Leistungen	1026	948	78
+ Warenvorräte	1128	1040	88
− Verbindlichkeiten aus Lieferungen und Leistungen	−634	−590	−44
− Andere kurzfristige Verbindlichkeiten	−198	−152	−46
= Nettoumlaufvermögen	1322	1246	76

Darüber hinaus setzen sich die Investitionen ins Anlagevermögen von CHF 898.000 aus den Investitionen in die Sachanlagen von CHF 698.000 (= CHF 5.700.000 − CHF 5.002.000) und aus den Investitionen in das sonstige Anlagevermögen von CHF 200.000 (= CHF 1.000.000 − CHF 800.000) zusammen. Die Veränderung des zinstragenden Fremdkapitals lässt sich folgendermaßen festlegen (in tausend CHF):

	2017	2016	Veränderungen
Kurzfristig verzinsliche Finanzverbindlichkeiten	620	600	20
+ Langfristig verzinsliches Fremdkapital	2100	2020	80
= Total verzinsliches Fremdkapital	2720	2620	100

Die frei verfügbaren Equity-Cashflows von CHF 76.000 können nun wie folgt ermittelt werden (in tausend CHF):

Ergebnis nach Steuern	570
+Abschreibungen	360
−Zunahme (Investitionen) Nettoumlaufvermögen	−76
+Zunahme des langfristig nicht verzinslichen Fremdkapitals	20
−Investitionen ins Anlagevermögen	−898
+Zunahme des verzinslichen Fremdkapitals	100
= Frei verfügbare Cashflows für das Eigenkapital	76

b) Die frei verfügbaren Firm-Cashflows betragen CHF 132.000 und können wie folgt bestimmt werden (in tausend CHF):

Ergebnis nach Steuern	570
+Fremdkapitalzinsen $x\,(1 - $ Ertragssteuersatz$)$	156
+Abschreibungen	360
−Zunahme (Investitionen) Nettoumlaufvermögen	−76
+Zunahme des langfristig nicht verzinslichen Fremdkapitals	20
−Investitionen ins Anlagevermögen	−898
= Frei verfügbare Cashflows für das Gesamtkapital	132

c) Mithilfe der Kapitalflussrechnung lassen sich die frei verfügbaren Equity-Cashflows von CHF 76.000 wie folgt ermitteln (in tausend CHF):

Cashflows aus betrieblicher Tätigkeit	874
−Nettoinvestitionen ins Anlagevermögen	−898
+Aufnahme von verzinslichem Fremdkapital	100
= Frei verfügbare Cashflows für das Eigenkapital	76

Die frei verfügbaren Firm-Cashflows von CHF 132.000 können folgendermaßen berechnet werden (in tausend CHF):

Cashflows aus betrieblicher Tätigkeit	874
+Zinsaufwand $x\,(1 - $ Ertragssteuersatz$)$	156
−Investitionen ins Anlagevermögen	−898
= Frei verfügbare Cashflows für das Gesamtkapital	132

Aufgabe 5

Die um die nicht betriebsnotwendigen flüssigen Mittel angepasste Eigenkapitalrendite von 11,5 % kann wie folgt bestimmt werden:

$$R_{EK} = \frac{\text{EUR } 60\,\text{Mio.} - \text{EUR } 20\,\text{Mio.} \times (1 - 0{,}3)}{\text{EUR } 600\,\text{Mio.} - \text{EUR } 200\,\text{Mio.}} = 11{,}5\,\% \;.$$

Die Investitionsquote des Eigenkapitals von 0,313 lässt sich über die langfristige Wachstumsrate von 3,6 % und die um die nicht betriebsnotwendigen flüssigen Mittel angepasste Eigenkapitalrendite von 11,5 % folgendermaßen berechnen:

$$I_{EK} = \frac{g}{R_{EK}} = \frac{3{,}6\,\%}{11{,}5\,\%} = 0{,}313 \;.$$

Die frei verfügbaren Cashflows für das Eigenkapital betragen EUR 31,602 Mio.:

$$\text{FCEK}_t = [\text{EUR } 60 \text{ Mio.} - \text{EUR } 20 \text{ Mio.} \times (1 - 0{,}3)] \times (1 - 0{,}313)$$
$$= \text{EUR } 31{,}602 \text{ Mio.}$$

Der innere Eigenkapitalwert von EUR 389,758 Mio. lässt sich mit dem einstufigen FCEK-Modell folgendermaßen ermitteln:

$$\text{Wert}_{EK} = \frac{\text{EUR } 31{,}602 \text{ Mio.} \times (1{,}036)}{0{,}12 - 0{,}036} = \text{EUR } 389{,}758 \text{ Mio.}$$

Mit dem Bestand an nicht betriebsnotwendigen flüssigen Mitteln beträgt der innere angepasste Eigenkapitalwert EUR 639,758 Mio. (= EUR 389,758 Mio. + EUR 250 Mio.). Dividiert man diesen Wert durch die Anzahl ausstehender Aktien, ergibt sich ein innerer Aktienwert von EUR 63,98:

$$P = \frac{\text{EUR } 639{,}758 \text{ Mio.}}{10 \text{ Mio. Aktien}} = \text{EUR } 63{,}98 \,.$$

Aufgabe 6

Die Investitionsquote des Gesamtkapitals von 28,57 % lässt sich wie folgt berechnen:

$$I_{GK} = \frac{\text{EUR } 150 \text{ Mio.} - \text{EUR } 120 \text{ Mio.} + \text{EUR } 30 \text{ Mio.}}{\text{EUR } 300 \text{ Mio.} \times (1 - 0{,}3)} = 0{,}2857 \,.$$

Die Gesamtkapitalrendite beläuft sich auf 12,32 %:

$$R_{GK} = \frac{\text{EUR } 300 \text{ Mio.} \times (1 - 0{,}3)}{\text{EUR } 700 \text{ Mio.} + \text{EUR } 1050 \text{ Mio.} - \text{EUR } 45 \text{ Mio.}} = 0{,}1232 \,.$$

Die endogene Wachstumsrate der FCGK von 3,52 % ergibt sich aus der Investitionsquote des Gesamtkapitals multipliziert mit der Gesamtkapitalrendite:

$$g = 0{,}2857 \times 0{,}1232 = 0{,}0352 \,.$$

Die frei verfügbaren Firm-Cashflows von EUR 150 Mio. resultieren aus dem Betriebsergebnis nach Steuern plus die Abschreibungen minus die Veränderung des Nettoumlaufvermögens und die Investitionen ins Anlagevermögen:

$$\text{FCGK}_t = \text{EUR } 300 \text{ Mio.} \times (1 - 0{,}3) + \text{EUR } 120 \text{ Mio.} - \text{EUR } 30 \text{ Mio.} - \text{EUR } 150 \text{ Mio.}$$
$$= \text{EUR } 150 \text{ Mio.}$$

Alternativ können die frei verfügbaren Firm-Cashflows von EUR 150 Mio. mit dem Betriebsergebnis nach Steuern und der Investitionsquote des Gesamtkapitals wie folgt berechnet werden:

$$\text{FCGK}_t = [\text{EUR } 300 \text{ Mio.} \times (1 - 0{,}3)] \times (1 - 0{,}2857) = \text{EUR } 150 \text{ Mio.}$$

Mit dem einstufigen FCGK-Modell gelangt man zu einem Enterprise Value von EUR 3628,04 Mio.:

$$\text{EV} = \frac{\text{EUR } 150 \text{ Mio.} \times (1{,}0352)}{0{,}078 - 0{,}0352} = \text{EUR } 3628{,}04 \text{ Mio.}$$

Vom Enterprise Value von EUR 3628,04 Mio. sind der Wert der nicht betriebsnotwendigen flüssigen Mittel von EUR 50 Mio. hinzuzuzählen und der Marktwert des zinstragenden Fremdkapitals von EUR 750 Mio. abzuziehen, was einen inneren Eigenkapitalwert von EUR 2928,04 Mio. ergibt. Um den inneren Wert der Rho-Aktie von EUR 292,80 zu ermitteln, ist der innere Eigenkapitalwert durch die Anzahl ausstehender Aktien zu dividieren:

$$P = \frac{\text{EUR } 2928{,}04 \text{ Mio.}}{10 \text{ Mio. Aktien}} = \text{EUR } 292{,}80 \; .$$

Aufgabe 7

Zunächst ist das Nachsteuerergebnis der Gewinn- und Verlustrechnung von EUR 30,1 Mio. zu ermitteln:

Ergebnis vor Steuern und Zinsen	EUR 55,0 Mio.
−Zinsaufwand (0,05 × EUR 600 Mio. × 0,4)	−EUR 12,0 Mio.
Ergebnis vor Steuern	= EUR 43,0 Mio.
−Steueraufwand (0,3 × EUR 43 Mio.)	−EUR 12,9 Mio.
Ergebnis nach Steuern	= EUR 30,1 Mio.

Der Buchwert des Eigenkapitals beläuft sich auf EUR 360 Mio. (= EUR 600 Mio. × 0,6). Die erwartete Rendite von 8,564 % kann mithilfe des CAPM wie folgt bestimmt werden:

$$E(r) = 1{,}7\,\% + 5{,}2\,\% \times 1{,}32 = 8{,}564\,\% \; .$$

Der negative Residualgewinn von EUR 0,7304 Mio. kann entweder über die Differenz zwischen dem versteuerten Ergebnis und den Eigenkapitalkosten oder über die Differenz zwischen der Eigenkapitalrendite und der Renditeerwartung, die mit dem Buchwert des Eigenkapitals multipliziert wird, berechnet werden:

$$\text{RG} = \text{EUR } 30{,}1 \text{ Mio.} - \text{EUR } 360 \text{ Mio.} \times 0{,}08564 = -\text{EUR } 0{,}7304 \text{ Mio.}$$

oder

$$RG = \left(\frac{EUR\ 30{,}1\ Mio.}{EUR\ 360\ Mio.} - 0{,}08564\right) \times EUR\ 360\ Mio. = -EUR\ 0{,}7304\ Mio.$$

Der negative Residualgewinn von EUR 0,7304 Mio. lässt sich damit erklären, dass die Eigenkapitalkosten das Nachsteuerergebnis übersteigen bzw. die erwartete Rendite von 8,564 % höher als die Eigenkapitalrendite von 8,361 % ist.

Alternativ lässt sich der negative Residualgewinn von EUR 0,7304 Mio. anhand des Betriebsergebnisses nach Steuern und der Kapitalkosten folgendermaßen bestimmen:

$$WACC = 0{,}4 \times 5\,\% \times (1 - 0{,}3) + 0{,}6 \times 8{,}564\,\% = 6{,}5384\,\%,$$
$$RG = EUR\ 55\ Mio. \times (1 - 0{,}3) - 0{,}065384 \times EUR\ 600\ Mio.$$
$$= -EUR\ 0{,}7304\ Mio.$$

Aufgabe 8

a) Der innere Aktienwert von HIT lässt sich mit dem Dividendendiskontierungsmodell wie folgt ermitteln:

$$P_0 = \frac{EUR\ 4}{(1{,}12)^1} + \frac{EUR\ 5}{(1{,}12)^2} + \frac{EUR\ 41}{(1{,}12)^3} = EUR\ 36{,}74.$$

b) Um die Residualgewinne der nächsten 3 Jahre zu bestimmen, sind zunächst die erwarteten Buchwerte je Aktie zu berechnen:

Jahre	t = 1	t = 2	t = 3
BW_{t-1}	EUR 16	EUR 20	EUR 25
$+GA_t$	EUR 8	EUR 10	EUR 16
$-Div_t$	−EUR 4	−EUR 5	−EUR 41
$= BW_t$	EUR 20	EUR 25	EUR 0

Die erwarteten Residualgewinne können nun wie folgt ermittelt werden:

Jahre	t = 1	t = 2	t = 3
GA_t	EUR 8,00	EUR 10,00	EUR 16,00
$-E(r)BW_{t-1}$	−EUR 1,92	−EUR 2,40	−EUR 3,00
$= RG_t$	EUR 6,08	EUR 7,60	EUR 13,00

Mit dem Residualgewinnmodell ergibt sich ebenfalls ein innerer Aktienwert von EUR 36,74:

$$P_0 = EUR\ 16 + \frac{EUR\ 6{,}08}{(1{,}12)^1} + \frac{EUR\ 7{,}6}{(1{,}12)^2} + \frac{EUR\ 13}{(1{,}12)^3} = EUR\ 36{,}74.$$

Die Aufgabe zeigt, dass man mit dem Dividendendiskontierungsmodell und dem Residualgewinnmodell zum gleichen inneren Aktienwert von EUR 36,74 gelangt, solange die verwendeten Annahmen konsistent umgesetzt werden.

Anleihen

Lösungen zu Kapitel 8 „Anleihen: Grundlagen"

Aufgabe 1

a) Die erste Zinsperiode vom 1. Januar bis 1. April 2016 dauert 91 Tage. Der Kuponsatz von 0,04247 % lässt sich wie folgt ermitteln:[1]

$$KS_{91 \text{ Tage}} = (-0{,}132\,\% + 0{,}3\,\%) \times \left(\frac{91 \text{ Tage}}{360 \text{ Tage}}\right) = 0{,}04247\,\%.$$

Bei einem Nominalwert von EUR 100.000 liegt der Kupon bei EUR 42,47 (= EUR 100.000 × 0,0004247).

b) Der Berechnungszeitraum für die Stückzinsen umfasst 42 Tage und liegt zwischen dem Beginn der Zinsperiode bis zum Valutatag (also vom 1. Januar bis 12. Februar 2016). Somit ergeben sich bei einem Kuponsatz von 0,168 % per annum (= −0,132 % + 0,3 %) Stückzinsen von 0,0196 %:

$$SZ = 0{,}168\,\% \times \left(\frac{42 \text{ Tage}}{360 \text{ Tage}}\right) = 0{,}0196\,\%.$$

Der Full-Preis von 100,3496 % setzt sich aus dem Clean-Preis von 100,33 % und den anteiligen Stückzinsen von 0,0196 % zusammen:

$$B_{\text{Full}} = 100{,}33\,\% + 0{,}0196\,\% = 100{,}3496\,\%.$$

Bei einem Nominalwert von EUR 100.000 resultiert ein Kaufpreis von EUR 100.349,60.

Aufgabe 2

Der Berechnungszeitraum für die Stückzinsen dauert vom 12. September 2015 bis zum Valutatag vom 12. Februar 2016 und beläuft sich somit auf 150 Tage.[2] Daher betragen

---

[1] Das Jahr 2016 war ein Schaltjahr.
[2] Für September 18 Tage, für Oktober, November, Dezember und Januar je 30 Tage und für Februar 12 Tage oder (2 − 1) × 360 + (2 − 9) × 30 + (12 − 12).

die Stückzinsen 1,04167 %:

$$SZ = 2{,}5\,\% \times \left(\frac{150 \text{ Tage}}{360 \text{ Tage}}\right) = 1{,}04167\,\%.$$

Der Full-Preis liegt demnach bei 111,59167 %:

$$B_{\text{Full}} = 110{,}55\,\% + 1{,}04167\,\% = 111{,}59167\,\%.$$

Bei einem Nominalwert von CHF 50.000 beläuft sich der Kaufpreis auf CHF 55.795,83.

Aufgabe 3

a) Eine Wandelanleihe mit einem Nominalwert von CHF 1000 kann anhand des Wandelpreises von CHF 2,40 in 416,67 Aktien der Von Roll Holding AG umgewandelt werden:

$$UV = \frac{\text{CHF } 1000}{\text{CHF } 2{,}40} = 416{,}67.$$

Der Marktwandelpreis am 10. Februar 2016 von CHF 2,31 ergibt sich aus dem gehandelten Marktwert der Wandelanleihe von CHF 962 (= 0,962 × CHF 1000) dividiert durch das Umtauschverhältnis von 416,67 Aktien:

$$W_{\text{MP}} = \frac{\text{CHF } 962}{416{,}67 \text{ Aktien}} = \text{CHF } 2{,}31.$$

Eine Aktie der Von Roll Holding AG kostet über den Kauf der Wandelanleihe CHF 2,31. Wird vom Marktwandelpreis der aktuelle Aktienkurs von CHF 0,58 abgezogen, erhält man die Wandelprämie je Aktie von CHF 1,73. Alternativ lässt sich diese auch wie folgt berechnen:

$$WP_{\text{Aktie}} = \frac{\text{CHF } 962 - 416{,}67 \times \text{CHF } 0{,}58}{416{,}67 \text{ Aktien}} = \text{CHF } 1{,}73.$$

Die Wandelprämie in Prozent beläuft sich auf 298,07 % und ist im Vergleich zum Emissionszeitpunkt von 36 % deutlich gestiegen:

$$WP_\% = \frac{\text{CHF } 962}{416{,}67 \times \text{CHF } 0{,}58} - 1 = 2{,}9807.$$

Die hohe Wandelprämie von 298,07 % bedeutet, dass der Marktpreis der Wandelanleihe von CHF 962 und der Conversion Value von CHF 241,67 sehr weit auseinanderliegen, sodass die Wandelanleihe einer optionsfreien Schuldverschreibung gleicht. Die Wandeloption ist weit aus dem Geld.

b) Zum Emissionszeitpunkt beläuft sich die Wandelprämie auf CHF 0,64 (= CHF 2,40 − CHF 1,76). Die Amortisationszeit der Wandelprämie von 21,3 Jahren lässt sich wie folgt berechnen:

$$AZ_{WP} = \frac{CHF\ 0{,}64}{(0{,}0125 \times CHF\ 1000)/416{,}67\ Aktien} = 21{,}3\ Jahre\ .$$

Aufgabe 4

Der am Markt gestellte Clean-Preis vom 12. Februar 2016 beläuft sich auf 115,38 %. Da der Geschäftsabschluss auf einen Freitag fällt, wird wegen des Wochenendes die Valuta auf Dienstag, den 16. Februar 2016, angesetzt. Vom Beginn des Zinslaufs am 15. April 2015 bis zum Valutatag 16. Februar 2016 sind es insgesamt 307 Tage, was zu Stückzinsen ohne Inflationsanpassung von 0,08388 % führt:

$$SZ = 0{,}10\ \% \times \left(\frac{307\ Tage}{366\ Tage}\right) = 0{,}08388\ \%\ .$$

Der Full-Preis liegt ohne Inflationsanpassung somit bei 115,46388 %:

$$B_{Full\ ohne\ Inflationsanpassung} = 115{,}38\ \% + 0{,}08388\ \% = 115{,}46388\ \%\ .$$

Der Inflationsindex am Valutatag vom 16. Februar 2016 lässt sich wie folgt ermitteln:

$$II_t = 1{,}1721 + (1{,}1722 - 1{,}1721) \times \left(\frac{16-1}{29}\right) = 1{,}172152\ .$$

Bei einem Basisindex des HVPI ohne Tabak von 115,4753 ergibt sich eine Index-Verhältniszahl von 1,01507:

$$Index\text{-}Verhältniszahl = \frac{1{,}172152}{1{,}154753} = 1{,}01507\ .$$

Somit beträgt die Inflationsrate in der anteiligen Zinsperiode 1,507 % (= 1,01507 − 1). Der Kaufpreis der inflationsindexierten Bundesanleihe von EUR 117.203,92 lässt sich folgendermaßen berechnen.

$$B_{Full} = 1{,}1546388 \times 1{,}01507 \times EUR\ 100.000 = EUR\ 117.203{,}92\ .$$

Da der Full-Preis einer Anleihe sämtliche künftigen Kupons und der Nominalwert zum Fälligkeitszeitpunkt berücksichtigt, wird die Inflationszunahme nicht nur beim aktuellen Kupon, sondern auch bei den zukünftigen Cashflows einbezogen.

Aufgabe 5

1. Aussage ist richtig. Fallen die Zinssätze, so steigen der Preis der optionsfreien Anleihe und der Preis der eingebetteten Short-Call-Option. Demnach nimmt der Preis

des Callable Bonds weniger stark zu als der Preis der optionsfreien Anleihe, da für die Wertermittlung der Anleihe mit der eingebetteten Kündigungsoption vom Preis der optionsfreien Anleihe der Preis der Call-Option abzuziehen ist.

2. Aussage ist falsch. Das Kündigungsrecht obliegt dem Emittenten und nicht dem Investor.
3. Aussage ist richtig. Bei den eingebetteten Kündigungsoptionen handelt es sich um amerikanische, europäische oder Bermuda-Style-Optionen. Bei einer amerikanischen Option kann die Kündigung jederzeit nach dem ersten Kündigungstermin erfolgen, während bei einer europäischen Call-Option die Kündigung lediglich an einem bestimmten Termin möglich ist. Liegt eine Bermuda-Style-Call-Option vor, kann die Anleihe in Anlehnung an einen Kündigungszeitplan an mehreren Terminen (in der Regel den Kuponterminen) gekündigt werden.
4. Aussage ist falsch. Da der Investor die Kündigungsoption dem Emittenten verkauft hat, erhält er hierfür eine Optionsprämie in Form eines niedrigeren Kaufpreises und/oder eines höheren Kupons. Folglich liegt die Rendite eines Callable Bonds über der Rendite einer vergleichbaren optionsfreien Anleihe. Allerdings ist der Investor dem Risiko einer etwaigen Kündigung ausgesetzt. Die Wahrscheinlichkeit eines vorzeitigen Rückkaufs nimmt mit fallenden Zinssätzen zu, sodass für den Investor ein Wiederanlagerisiko besteht.
5. Aussage ist falsch. Nehmen die Zinssätze zu, so erhöht sich die Wahrscheinlichkeit, dass der Investor die Anleihe kündigt und den Verkaufserlös zu einem höheren Zinssatz anlegt. Da die Kündigungsoption dem Investor gehört, besteht der Preis eines Putable Bonds aus einer Long optionsfreien Anleihe und einer Long-Put-Option. Steigen die Zinssätze, fällt zum einen der Preis der optionsfreien Anleihe und nimmt zum anderen der Preis der Put-Option zu, sodass der Preis des Putable Bonds über dem Preis einer vergleichbaren optionsfreien Anleihe zu liegen kommt. Dabei konvergiert der Preis des Putable Bonds gegen den im Voraus vereinbarten Kündigungspreis.
6. Aussage ist richtig. Bei der eingebetteten Wandeloption handelt es sich um eine Call-Option auf Aktien des Emittenten. Demgegenüber stellt die Kündigungsoption eine Zinsoption dar, die bei fallenden Zinssätzen durch den Emittenten ausgeübt werden kann. Bei einem Callable Convertible Bond besitzt der Investor das Recht, die Anleihe in Aktien umzutauschen (Long-Wandeloption), während das Kündigungsrecht beim Emittenten liegt (Short-Call-Option).
7. Aussage ist richtig. Die Wandelprämie ergibt sich aus dem Preis der Wandelanleihe abzüglich des umgetauschten Aktienwerts (Conversion Value). Somit stellt sie einen Mehrpreis für den Aktienkauf dar, da die Beteiligungspapiere über die Wandelanleihe und nicht direkt auf dem Aktienmarkt gekauft werden.

Lösungen zu Kapitel 9 „Preis- und Renditeberechnung von optionsfreien Anleihen"

Aufgabe 1

a) Invoice: Der Clean-Preis der Anleihe liegt bei 103,688 % (Briefkurs). Bei einem Geschäftsabschluss am 21. März 2016 findet das Settlement am 23. März 2016 statt. Somit ist der Valutatag 2 Geschäftstage nach Handelsabschluss vom 21. März 2016. Der Zeitraum für die Stückzinsen beginnt am 9. März 2016 und dauert bis zum Valutatag 23. März 2016. Das sind insgesamt 14 Tage. Die Day-Count-Konvention ist tagesgenau/tagesgenau ICMA. 1 Jahr umfasst 365 Tage, sodass sich bei einem Nominalwert von EUR 1 Mio. Stückzinsen von EUR 575,34 ergeben:

$$SZ = EUR\ 1.000.000 \times 0,015 \times \left(\frac{14\ \text{Tage}}{365\ \text{Tage}}\right) = EUR\ 575,34\ .$$

Der Full-Preis von EUR 1.037.455,34 lässt sich anhand des Clean-Preises und der Stückzinsen wie folgt ermitteln:

$$B_{0\ \text{Full}} = 1,03688 \times EUR\ 1.000.000 + EUR\ 575,34 = EUR\ 1.037.455,34\ .$$

b) Die Verfallrendite lässt sich ausgehend vom Clean-Preis von 103,688 % berechnen, indem mithilfe der Stückzinsen von 0,058 % [= 1,5 %×(14 Tage/365 Tage)] zuerst der Full-Preis von 103,746 % (= 103,688 % + 0,058 %) bestimmt wird. Die Restlaufzeit der Anleihe beläuft sich auf 9,9616 Jahre (= 9 Jahre+351 Tage/365 Tage). Anhand der folgenden Preisgleichung lässt sich nun der Diskontsatz bzw. die Verfallrendite von 1,106918 % ermitteln:

$$103,746\,\% = \frac{1,5\,\%}{(1+\text{VR})^{0,9616}} + \frac{1,5\,\%}{(1+\text{VR})^{1,9616}} + \ldots + \frac{101,5\,\%}{(1+\text{VR})^{9,9616}}\ .$$

c) Der Spread von 87,80 Basispunkten stellt den sogenannten Benchmark-Spread dar. Er besteht aus der Differenz zwischen der Verfallrendite der Daimler-Anleihe von

1,106918 % und der Verfallrendite der Benchmarkanleihe von 0,228928 %. Die Benchmarkanleihe ist durch die 0,5 %-Anleihe der Bundesrepublik Deutschland mit Fälligkeit Februar 2026 gegeben (DBR 0 1/2 02/26).

Der G-Spread von 87,5 Basispunkten spiegelt die Differenz zwischen der Verfallrendite der Daimler-Anleihe von 1,106918 % und der interpolierten Verfallrendite von Deutschen Bundesanleihen mit gleicher Restlaufzeit wider. Da sich der Benchmark-Spread und der G-Spread auf die gleiche Benchmark (also Anleihen der Bundesrepublik Deutschland) beziehen, sind sie ungefähr gleich groß.

Die Benchmark für die Berechnung des I-Spreads von 51,4 Basispunkten ist der linear interpolierte mittlere Swapsatz mit gleicher Laufzeit wie die Daimler-Anleihe. Der I-Spread ist im Vergleich zum G-Spread niedriger, da der Swapsatz als Benchmark bereits eine Renditeentschädigung für das Kreditrisiko beinhaltet.

Die Basis von 48,3 Basispunkten entsteht aus der Differenz zwischen dem interpolierten CDS-Satz und dem Z-Spread der Anleihe. Beim CDS-Satz handelt es sich im Gegensatz zu den anderen Spread-Größen um einen auf dem Markt gehandelten Spread.

Der Z-Spread von 53 Basispunkten reflektiert eine Renditeentschädigung, die aus der Differenz zwischen der Diskontsatzkurve und der Nullkupon-Swapsatzkurve abgeleitet wird. Er ist ungefähr gleich groß wie der I-Spread, da sich beide Spread-Größen auf die gleiche Benchmark (also den Swapsatz) beziehen.

Der ASW von 52,3 Basispunkten ist der Asset Swap Spread. Er kann anhand eines Par-Asset-Swap eruiert werden, der aus einer festverzinslichen Anleihe zum Par-Wert und einem Zinssatzswap besteht.

Der OAS bzw. Option Adjusted Spread von 77,7 Basispunkten berechnet sich gleich wie der Z-Spread, berücksichtigt aber die eingebettete Option bei einer Anleihe. Da die Daimler-Anleihe optionsfrei ist, müssten der Z-Spread und der OAS theoretisch gleich groß sein. Bei Bloomberg werden jedoch für die Bestimmung der beiden Spreads unter anderem unterschiedliche Punkte entlang der Nullkupon-Swapsatzkurve verwendet, sodass sie nicht deckungsgleich sind.

d) Die Street Convention von 1,106918 % spiegelt die Verfallrendite wider. Dabei werden zur Renditeberechnung neben den Geschäftstagen auch die Wochenenden und Feiertage einbezogen. Im Gegensatz dazu wird der True Yield von 1,106896 % nur anhand der Geschäftstage ermittelt. Der Unterschied zwischen diesen beiden Renditegrößen ist sehr klein und beläuft sich bei der Daimler-Anleihe auf 0,0022 Basispunkte.

Der Equiv 2/Yr von 1,103871 % stellt den Bond Equivalent Yield dar. Um den Bond Equivalent Yield zu berechnen, wird zunächst die Verfallrendite auf eine halbjährliche Renditegröße umgerechnet:

$$VR_{1/2 \text{ Jahr}} = (1{,}01106918)^{1/2} - 1 = 0{,}00551936 \, .$$

8 Lösungen zu Kapitel 9 „Preis- und Renditeberechnung von optionsfreien Anleihen" 65

Demnach beträgt der Bond Equivalent Yield 1,103872 %:

$$\text{Bond Equivalent Yield} = 2 \times 0{,}551936\,\% = 1{,}103872\,\%\,.$$

Der Current Yield von 1,447 % resultiert aus dem jährlichen Kupon von 1,5 % dividiert durch den Clean-Preis von 103,688 %:

$$\text{Current Yield} = \frac{1{,}5\,\%}{103{,}688\,\%} = 0{,}01447\,.$$

Aufgabe 2

a) Die Diskontsätze setzen sich aus den laufzeitgerechten Nullkuponsätzen und dem konstanten Z-Spread von 150 Basispunkten zusammen:
- 0,5-jähriger Diskontsatz: 3 %,
- 1-jähriger Diskontsatz: 3,2 %,
- 1,5-jähriger Diskontsatz: 3,4 %,
- 2-jähriger Diskontsatz: 3,5 %,
- 2,5-jähriger Diskontsatz: 3,6 %,
- 3-jähriger Diskontsatz: 3,9 %.

Der Preis der Unternehmensanleihe von 100,345 % lässt sich folgendermaßen berechnen:

$$B_0 = \frac{2\,\%}{\left(1+\frac{0{,}03}{2}\right)^1} + \frac{2\,\%}{\left(1+\frac{0{,}032}{2}\right)^2} + \frac{2\,\%}{\left(1+\frac{0{,}034}{2}\right)^3} + \frac{2\,\%}{\left(1+\frac{0{,}035}{2}\right)^4}$$
$$+ \frac{2\,\%}{\left(1+\frac{0{,}036}{2}\right)^5} + \frac{102\,\%}{\left(1+\frac{0{,}039}{2}\right)^6} = 100{,}345\,\%\,.$$

b) Die halbjährliche Verfallrendite von 1,939 % lässt sich anhand der folgenden Preisgleichung bestimmen:

$$100{,}345\,\% = \frac{2\,\%}{\left(1+\frac{VR}{2}\right)^1} + \frac{2\,\%}{\left(1+\frac{VR}{2}\right)^2} + \frac{2\,\%}{\left(1+\frac{VR}{2}\right)^3} + \frac{2\,\%}{\left(1+\frac{VR}{2}\right)^4} + \frac{2\,\%}{\left(1+\frac{VR}{2}\right)^5} + \frac{102\,\%}{\left(1+\frac{VR}{2}\right)^6}\,.$$

Die annualisierte Verfallrendite liegt bei 3,878 % (= 2 × 1,939 %).

Aufgabe 3

a) Die Diskontsätze bestehen aus den laufzeitgerechten Nullkupon-Swapsätzen und dem konstanten Z-Spread von 80 Basispunkten:
- 1-jähriger Diskontsatz: 2,8 %,
- 2-jähriger Diskontsatz: 3,0 %,
- 3-jähriger Diskontsatz: 3,2 %,

- 4-jähriger Diskontsatz: 3,3 %,
- 5-jähriger Diskontsatz: 3,6 %.

Der Preis der 4,5 %-Unternehmensanleihe beläuft sich auf 104,228 %:

$$B_0 = \frac{4,5\%}{(1,028)^1} + \frac{4,5\%}{(1,03)^2} + \frac{4,5\%}{(1,032)^3} + \frac{4,5\%}{(1,033)^4} + \frac{104,5\%}{(1,036)^5} = 104,228\%.$$

b) Die Verfallrendite von 3,562 % lässt sich mithilfe der folgenden Preisgleichung bestimmen:

$$104,228\% = \frac{4,5\%}{(1+\text{VR})^1} + \frac{4,5\%}{(1+\text{VR})^2} + \frac{4,5\%}{(1+\text{VR})^3} + \frac{4,5\%}{(1+\text{VR})^4} + \frac{104,5\%}{(1+\text{VR})^5}.$$

Der I-Spread von 76,2 Basispunkten ergibt sich aus der Differenz zwischen der Verfallrendite und dem 5-jährigen Swapsatz:

$$\text{I-Spread} = 3,562\% - 2,8\% = 0,762\%.$$

Aufgabe 4

a) Der Kuponsatz von 0,387 % besteht aus dem 3-Monats-EURIBOR-Satz von −0,143 % und der Quoted Margin von 0,53 %:

$$\text{KS} = -0,143\% + 0,53\% = 0,387\%.$$

b) Der Full-Preis besteht aus dem Clean-Preis von 100,238 % (Briefkurs) und den Stückzinsen. Die Periode für die Stückzinsen dauert vom letzten Kupontermin am 12. Januar 2016 bis zum Valutatag am 23. März 2016 und umfasst 71 Tage (also 19 Tage im Januar, 29 Tage im Februar und 23 Tage im März). Demnach liegen die Stückzinsen bei einem Kupon von 0,387 % bei 0,076325 %:

$$\text{SZ} = 0,387\% \times \left(\frac{71 \text{ Tage}}{360 \text{ Tage}}\right) = 0,076325\%.$$

Bei einem Nominalwert von EUR 1 Mio. ist der Full-Preis EUR 1.003.143,25:

$$B_{0\,\text{Full}} = 1,00238 \times \text{EUR } 1.000.000 + 0,00076325 \times \text{EUR } 1.000.000$$
$$= \text{EUR } 1.003.143,25.$$

Aufgabe 5

Zuerst sind die Verfallrenditen der beiden auf dem Markt gehandelten Unternehmensanleihen anhand der folgenden zwei Preisgleichungen zu bestimmen:

$$101,529\% = \frac{3,75\%}{(1+\text{VR})^1} + \frac{3,75\%}{(1+\text{VR})^2} + \ldots + \frac{103,75\%}{(1+\text{VR})^7} \rightarrow \text{VR} = 3,5\%,$$

$$103,377\% = \frac{4,25\%}{(1+\text{VR})^1} + \frac{4,25\%}{(1+\text{VR})^2} + \ldots + \frac{104,25\%}{(1+\text{VR})^9} \rightarrow \text{VR} = 3,8\%.$$

Die Verfallrendite der 8-jährigen Unternehmensanleihe mit einer ähnlichen Schuldnerqualität wie die beiden liquiden Anleihen lässt sich wie folgt berechnen:

$$\text{VR} = \frac{3{,}5\,\% + 3{,}8\,\%}{2} = 3{,}65\,\%.$$

Der Preis der nicht liquiden 8-jährigen Unternehmensanleihe beläuft sich auf 102,391 %:

$$B_0 = \frac{4\,\%}{(1{,}0365)^1} + \frac{4\,\%}{(1{,}0365)^2} + \ldots + \frac{104\,\%}{(1{,}0365)^8} = 102{,}391\,\%.$$

Aufgabe 6

a) Die Anleihe kann erstmals in 3 Jahren zu einem Preis von 103 % gekündigt werden, was zu einem Yield to First Call von 3,917 % führt:

$$101{,}5\,\% = \frac{1{,}75\,\%}{\left(1 + \frac{\text{YFC}}{2}\right)^1} + \frac{1{,}75\,\%}{\left(1 + \frac{\text{YFC}}{2}\right)^2} + \ldots + \frac{104{,}75\,\%}{\left(1 + \frac{\text{YFC}}{2}\right)^6} \rightarrow \text{YFC} = 3{,}917\,\%.$$

b) Der zweite Kündigungstermin ist am Ende des 4. Jahres zu einem Preis von 102 % möglich. Der Yield to Second Call ist demnach 3,564 %:

$$101{,}5\,\% = \frac{1{,}75\,\%}{\left(1 + \frac{\text{YSC}}{2}\right)^1} + \frac{1{,}75\,\%}{\left(1 + \frac{\text{YSC}}{2}\right)^2} + \ldots + \frac{103{,}75\,\%}{\left(1 + \frac{\text{YSC}}{2}\right)^8} \rightarrow \text{YSC} = 3{,}564\,\%.$$

c) Erstmals kann die Anleihe zum Par-Wert in 6 Jahren gekündigt werden. Der Yield to First Par Call liegt bei 3,223 %:

$$101{,}5\,\% = \frac{1{,}75\,\%}{\left(1 + \frac{\text{YFPC}}{2}\right)^1} + \frac{1{,}75\,\%}{\left(1 + \frac{\text{YFPC}}{2}\right)^2} + \ldots + \frac{101{,}75\,\%}{\left(1 + \frac{\text{YFPC}}{2}\right)^{12}} \rightarrow \text{YFPC} = 3{,}223\,\%.$$

d) Damit der Yield to Worst bestimmt werden kann, ist zunächst die Verfallrendite von 3,259 % anhand der folgenden Preisgleichung zu ermitteln:

$$101{,}5\,\% = \frac{1{,}75\,\%}{\left(1 + \frac{\text{VR}}{2}\right)^1} + \frac{1{,}75\,\%}{\left(1 + \frac{\text{VR}}{2}\right)^2} + \ldots + \frac{101{,}75\,\%}{\left(1 + \frac{\text{VR}}{2}\right)^{14}} \rightarrow \text{YFPC} = 3{,}259\,\%.$$

Der Yield to Worst ist die niedrigste der vier berechneten Renditegrößen und beläuft sich für die vorliegende Anleihe auf 3,223 %.

Aufgabe 7

a) Der 1-gegen-5-Terminzinssatz von 2,95 % lässt sich mithilfe der 1-jährigen und 5-jährigen Nullkuponsätze folgendermaßen bestimmen:

$$\text{FR}_{1,5} = \left[\frac{(1{,}026)^5}{(1{,}012)^1}\right]^{1/(5-1)} - 1 = 0{,}0295 \; .$$

b) Der 3-gegen-5-Terminzinssatz wird mit den 3-jährigen und 5-jährigen Nullkuponsätzen berechnet und beträgt 3,81 %:

$$\text{FR}_{3,5} = \left[\frac{(1{,}026)^5}{(1{,}018)^3}\right]^{1/(5-3)} - 1 = 0{,}0381 \; .$$

Aufgabe 8

Die Restlaufzeit der Anleihe liegt bei 3,8274 Jahren (= 3 + 302 Tage/365 Tage). Der laufzeitkongruente Nullkupon-Swapsatz für eine Zeitperiode von 3,8274 Jahren lässt sich mithilfe der linearen Interpolation aus den 3- und 4-jährigen Nullkupon-Swapsätzen wie folgt ermitteln:

$$0{,}016 + \left(\frac{302 \text{ Tage}}{365 \text{ Tage}}\right) \times (0{,}02 - 0{,}016) = 0{,}01931 \; .$$

Die laufzeitkongruente Verfallrendite beläuft sich demnach auf 2,631 % (= 1,931 % + 0,7 %). Der Full-Preis der Unternehmensanleihe von 105,606 % lässt sich folgendermaßen berechnen:

$$B_{0 \text{ Full}} = \left[\frac{4\%}{(1{,}02631)^1} + \frac{4\%}{(1{,}02631)^2} + \frac{4\%}{(1{,}02631)^3} + \frac{104\%}{(1{,}02631)^4}\right]$$
$$\times (1{,}02631)^{63/365} = 105{,}606\% \; .$$

Vom letzten Kupontermin 15. September 2016 bis zum Valutatag 17. November 2016 sind es insgesamt 63 Tage. Somit betragen die Stückzinsen 0,690 %:

$$\text{SZ} = 4\% \times \left(\frac{63 \text{ Tage}}{365 \text{ Tage}}\right) = 0{,}690\% \; .$$

Der Clean-Preis liegt bei 104,916 %:

$$B_{0 \text{ Clean}} = 105{,}606\% - 0{,}690\% = 104{,}916\% \; .$$

Aufgabe 9

Der Preis der Nullkuponanleihe von 64,186 % kann wie folgt ermittelt werden:

$$B_0 = \frac{100\,\%}{(1 + 0{,}024 + 0{,}006)^{15}} = 64{,}186\,\% \,.$$

Aufgabe 10

In einem ersten Schritt sind die Terminzinssätze mithilfe der EURIBOR-Nullkupon-Swapsätze zu ermitteln (1 Periode = 90 Tage bzw. 3 Monate):

$$\text{FR}_{1,2} = \left[\frac{\left(1 + \frac{0{,}015}{4}\right)^2}{\left(1 + \frac{0{,}012}{4}\right)^1} - 1\right] \times 4 = 0{,}018\,,$$

$$\text{FR}_{2,3} = \left[\frac{\left(1 + \frac{0{,}017}{4}\right)^3}{\left(1 + \frac{0{,}015}{4}\right)^2} - 1\right] \times 4 = 0{,}021\,,$$

$$\text{FR}_{3,4} = \left[\frac{\left(1 + \frac{0{,}02}{4}\right)^4}{\left(1 + \frac{0{,}017}{4}\right)^3} - 1\right] \times 4 = 0{,}029\,.$$

Die Diskontsätze werden mithilfe der EURIBOR-Nullkupon-Swapsätze und der Discount Margin von 50 Basispunkten bestimmt (1 Periode = 90 Tage bzw. 3 Monate):

$$\text{DF}_1 = \frac{1}{\left(1 + \frac{0{,}012 + 0{,}005}{4}\right)^1} = 0{,}99577\,,$$

$$\text{DF}_2 = \frac{1}{\left(1 + \frac{0{,}015 + 0{,}005}{4}\right)^2} = 0{,}99007\,,$$

$$\text{DF}_3 = \frac{1}{\left(1 + \frac{0{,}017 + 0{,}005}{4}\right)^3} = 0{,}98368\,,$$

$$\text{DF}_4 = \frac{1}{\left(1 + \frac{0{,}02 + 0{,}005}{4}\right)^4} = 0{,}97539\,.$$

Der Full-Preis von 100,197 % lässt sich wie folgt berechnen:

$$B_{0\,\text{Full}} = 100\,\% \times$$

$$\left[\begin{array}{l}(0{,}012 + 0{,}007) \times 0{,}25 \times 0{,}99577 + (0{,}018 + 0{,}007) \times 0{,}25 \times 0{,}99007 + \\ (0{,}021 + 0{,}007) \times 0{,}25 \times 0{,}98368 + (0{,}029 + 0{,}007) \times 0{,}25 \times 0{,}97539 + 0{,}97539\end{array}\right]$$

$$= 100{,}197\,\% \,.$$

Aufgabe 11

1. Aussage ist richtig.
2. Aussage ist falsch. Der G-Spread besteht aus der Verfallrendite der Unternehmensanleihe abzüglich der Verfallrendite der Staatsanleihe. Beide Schuldverschreibungen verfügen über die gleiche Restlaufzeit. Bei Laufzeitinkongruenzen werden zwei Staatsanleihen mit unterschiedlichen Restlaufzeiten ausgewählt und deren Verfallrenditen linear interpoliert.
3. Aussage ist falsch. Der Z-Spread kann positiv oder negativ sein. Ist das Kreditrisiko des Emittenten oder der Anleihe im Vergleich zum Swapmarkt kleiner (größer), ist der Z-Spread negativ (positiv).
4. Aussage ist falsch. Je steiler eine ansteigende Zinsstrukturkurve verläuft, desto größer ist der Z-Spread gegenüber dem I-Spread, der von einer flachen Swapsatzkurve ausgeht, weil die Kupons mit einem höheren Zinssatz angelegt werden können, was zu einer höheren Rendite führt.
5. Aussage ist richtig.

Lösungen zu Kapitel 10 „Risikoanalyse von Anleihen"

Aufgabe 1

a) Die Macaulay-Duration von 4,557 und die modifizierte Duration von 4,382 können wie folgt berechnet werden:

$$\text{MacDUR} = \left[\frac{1,04}{0,04} - \frac{1,04 + 5 \times (0,05 - 0,04)}{0,05 \times [(1,04)^5 - 1] + 0,04}\right] = 4,557,$$

$$\text{MDUR} = \frac{4,557}{(1,04)} = 4,382.$$

b) Der Bond-Preis liegt bei 104,452 %:

$$B_0 = \frac{5\%}{(1,04)^1} + \frac{5\%}{(1,04)^2} + \frac{5\%}{(1,04)^3} + \frac{5\%}{(1,04)^4} + \frac{105\%}{(1,04)^5} = 104,452\%.$$

Mithilfe einer tabellarischen Darstellung wird zunächst der Wert des Formelterms $\sum_{t=1}^{T} \frac{(t^2+t)CF_t}{(1+VR)^t}$ von 2765,242 ermittelt:

Perioden (Jahre t)	$t^2 + t$	Cashflows	$(t^2 + t) \times$ Cashflows	Barwert von $(t^2 + t) \times$ Cashflows
1	2	5	10	9,615
2	6	5	30	27,737
3	12	5	60	53,340
4	20	5	100	85,480
5	30	105	3150	2589,070
			3280	2765,242

Die modifizierte Konvexität der Anleihe beträgt 24,477:

$$\text{MKONV} = \frac{1}{104,452} \times \left(\frac{2765,242}{(1,04)^2}\right) = 24,477.$$

c) Bei einer Zunahme der Verfallrendite um 75 Basispunkte ergibt sich anhand der Taylor-Reihenentwicklung der zweiten Ordnung annäherungsweise ein Bond-Preis von 101,091 %:

$$B_1 = B_0 + \Delta B$$
$$= 104{,}452\,\% + (-4{,}382) \times 104{,}452\,\% \times 0{,}0075 + 0{,}5 \times 24{,}477 \times 104{,}452\,\%$$
$$\times (0{,}0075)^2 = 101{,}091\,\% \,.$$

d) Bei einer Verfallrendite von 4,75 % resultiert ein Anleihepreis von 101,090 %:

$$B_0 = \frac{5\,\%}{(1{,}0475)^1} + \frac{5\,\%}{(1{,}0475)^2} + \frac{5\,\%}{(1{,}0475)^3} + \frac{5\,\%}{(1{,}0475)^4} + \frac{105\,\%}{(1{,}0475)^5}$$
$$= 101{,}090\,\% \,.$$

Somit stellt die Taylor-Reihenentwicklung der zweiten Ordnung eine gute Approximation für die Berechnung des Bond-Preises dar.

Aufgabe 2

a) Um die modifizierte Duration der Daimler-Anleihe zu berechnen, ist zunächst die Macaulay-Duration von 9,336 zu bestimmen (KS = 0,015, VR = 0,01106918, T = 10, t = 14, n = 365):

$$\text{MacDUR} = \left[\frac{1{,}01106918}{0{,}01106918} - \frac{1{,}01106918 + 10 \times (0{,}015 - 0{,}01106918)}{0{,}015 \times [(1{,}01106918)^{10} - 1] + 0{,}01106918} \right]$$
$$- (14/365) = 9{,}336 \,.$$

Die modifizierte Duration der Daimler-Anleihe liegt bei 9,234:

$$\text{MDUR} = \frac{9{,}336}{1{,}01106918} = 9{,}234 \,.$$

Damit die modifizierte Konvexität festgelegt werden kann, wird zunächst mithilfe einer tabellarischen Darstellung der Wert des Formelterms $\sum_{t=1}^{T} \frac{(t^2+t)CF_t}{(1+VR)^t}$ von 10.385,515 ermittelt:

Perioden (Jahre t)	$t^2 + t$	Cashflows	$(t^2 + t) \times$ Cashflows	Barwert von $(t^2 + t) \times$ Cashflows
0,96164	1,886	1,5	2,830	2,800
1,96164	5,810	1,5	8,715	8,528
2,96164	11,733	1,5	17,599	17,035
3,96164	19,656	1,5	29,484	28,226
4,96164	29,580	1,5	44,369	42,011
5,96164	41,503	1,5	62,254	58,300
6,96164	55,426	1,5	83,139	77,006
7,96164	71,349	1,5	107,024	98,043
8,96164	89,273	1,5	133,909	121,329
9,96164	109,196	101,5	11.083,385	9932,237
				10.385,515

Die modifizierte Konvexität der Anleihe beläuft sich auf 97,925:

$$\text{MKONV} = \frac{1}{103{,}746} \times \left(\frac{10.385{,}515}{(1{,}01106918)^2} \right) = 97{,}925 \, .$$

In der Bloomberg-Maske wird die Konvexität durch 100 dividiert, was einen Wert von 0,979 ergibt.

b) Die OAS-Duration von 9,442 entspricht der effektiven Duration. Sie reflektiert die Preissensitivität der Daimler-Anleihe gegenüber einer Veränderung der OAS-Kurve. Da für die Bestimmung des OAS ein Binomialmodell eingesetzt wird und die Benchmarkkurve nicht flach verläuft, weicht die OAS-Duration von 9,442 von der modifizierten Duration von 9,234 ab. Die OAS-Konvexität von 0,969 stellt die effektive Konvexität der Anleihe dar. Die Abweichung zur modifizierten Konvexität von 0,979 geht auf die gleichen Gründe wie bei der Duration zurück.

c) Die Größe Risk in der Maske entspricht dem Price Value of a Basis Point multipliziert mit 100 und ist sowohl für eine Veränderung der Verfallrendite (9,580) als auch für eine Änderung der OAS-Kurve (9,796) aufgeführt. Um den Wert von 9,580 bei einer Veränderung der Verfallrendite zu bestimmen, sind die Preise der Daimler-Anleihe nach einer Bewegung der Verfallrendite von ±1 Basispunkt und der Price Value of a Basis Point zu berechnen:

$$B_- = \left[\frac{1{,}5\,\%}{(1{,}01096918)^1} + \frac{1{,}5\,\%}{(1{,}01096918)^2} + \ldots + \frac{101{,}5\,\%}{(1{,}01096918)^{10}} \right] \\ \times (1{,}01096918)^{14/365} = 103{,}8408\,\% \, ,$$

$$B_+ = \left[\frac{1{,}5\%}{(1{,}01116918)^1} + \frac{1{,}5\%}{(1{,}01116918)^2} + \ldots + \frac{101{,}5\%}{(1{,}01116918)^{10}}\right]$$
$$\times (1{,}01116918)^{14/365} = 103{,}6498\%,$$
$$\text{PVBP} = \frac{103{,}8408\% - 103{,}6498\%}{2} = 0{,}0955.$$

Wird der PVBP von 0,0955 mit 100 multipliziert, gelangt man zur Risk-Größe in der Bloomberg-Maske von 9,55 (kleine Abweichung von 0,03).

Aufgabe 3

a) Die Gewichte der Anleihen können wie folgt berechnet werden:

$$w_A = \frac{\text{EUR } 220.000}{\text{EUR } 1.000.000} = 22\%,$$
$$w_B = \frac{\text{EUR } 95.000}{\text{EUR } 1.000.000} = 9{,}5\%,$$
$$w_C = \frac{\text{EUR } 415.000}{\text{EUR } 1.000.000} = 41{,}5\%,$$
$$w_D = \frac{\text{EUR } 270.000}{\text{EUR } 1.000.000} = 27\%.$$

Die modifizierte Duration des Bond-Portfolios liegt bei 6,42:

$$\text{MDUR}_P = 0{,}22 \times 5 + 0{,}095 \times 4 + 0{,}415 \times 8 + 0{,}27 \times 6 = 6{,}42.$$

b) Geht die Verfallrendite um 40 Basispunkte zurück, steigt der Marktwert des Portfolios anhand der Taylor-Reihenentwicklung der ersten Ordnung um EUR 25.680:

$$\text{MDUR}_P = (-6{,}42) \times \text{EUR } 1.000.000 \times (-0{,}004) = \text{EUR } 25.680.$$

Aufgabe 4

a) Um die effektive Duration des Bond-Portfolios zu berechnen, sind zunächst die Marktwerte der drei Nullkuponanleihen zu ermitteln:

$$B_{0,A} = \frac{\text{EUR } 200.000}{(1{,}045)^5} = \text{EUR } 160.490{,}21,$$
$$B_{0,B} = \frac{\text{EUR } 500.000}{(1{,}052)^{10}} = \text{EUR } 301.170{,}62,$$
$$B_{0,C} = \frac{\text{EUR } 300.000}{(1{,}048)^{20}} = \text{EUR } 117.461{,}52.$$

Die Marktgewichte der drei Nullkuponanleihen können wie folgt festgelegt werden:

$$w_A = \frac{\text{EUR } 160.490{,}21}{\text{EUR } 579.122{,}35} = 0{,}277 \,,$$

$$w_B = \frac{\text{EUR } 301.170{,}62}{\text{EUR } 579.122{,}35} = 0{,}520 \,,$$

$$w_C = \frac{\text{EUR } 117.461{,}52}{\text{EUR } 579.122{,}35} = 0{,}203 \,.$$

Die effektive Duration des Bond-Portfolios liegt bei 10,645:

$$\text{EDUR}_P = 0{,}277 \times 5 + 0{,}520 \times 10 + 0{,}203 \times 20 = 10{,}645 \,.$$

b) Erfolgt eine parallele Verschiebung der Zinsstrukturkurve um 50 Basispunkte, ergeben sich folgende prozentuale und absolute Marktwertveränderungen des Anleiheportfolios:

$$\Delta \%B_P = (-10{,}645) \times 0{,}005 = -0{,}0532 \,,$$
$$\Delta B_P = (-10{,}645) \times \text{EUR } 579.122{,}35 \times 0{,}005 = -30.823{,}79 \,.$$

Mit den Key-Rate-Durationen ergibt sich der gleiche prozentuale Rückgang des Anleiheportfolios von 5,32 %, weil eine parallele Verschiebung der Zinsstrukturkurve vorliegt:

$$\Delta \%B_P = 0{,}277 \times (-5) \times 0{,}005 + 0{,}520 \times (-10) \times 0{,}005 + 0{,}203 \times (-20)$$
$$\times 0{,}005 = -0{,}0532 \,.$$

c) Bei einer nicht parallelen Verschiebung der Zinsstrukturkurve sind die prozentualen und absoluten Marktwertveränderungen des Bond-Portfolios anhand der Key-Rate-Durationen zu berechnen. Dabei lässt sich die prozentuale Zunahme des Anleiheportfolios von 4,304 % wie folgt bestimmen:

$$\Delta \%B_P = 0{,}277 \times (-5) \times 0{,}004 + 0{,}520 \times (-10) \times (-0{,}007) + 0{,}203 \times (-20)$$
$$\times (-0{,}003) = 0{,}04304 \,.$$

Die Marktwertzunahme des Portfolios von EUR 24.919,83 lässt sich folgendermaßen ermitteln:

$$\Delta B_P = (-5) \times \text{EUR } 160.490{,}21 \times 0{,}004 + (-10) \times \text{EUR } 301.170{,}62$$
$$\times (-0{,}007) + (-20) \times \text{EUR } 117.461{,}52 \times (-0{,}003) = \text{EUR } 24.919{,}83 \,.$$

Aufgabe 5

Die Preise der drei Anleihen können wie folgt bestimmt werden:

$$B_A = \frac{3\%}{(1{,}0425)^1} + \frac{3\%}{(1{,}0425)^2} + \ldots + \frac{103\%}{(1{,}0425)^8} = 91{,}670\%,$$

$$B_B = \frac{2{,}5\%}{(1{,}0348)^1} + \frac{2{,}5\%}{(1{,}0348)^2} + \ldots + \frac{102{,}5\%}{(1{,}0348)^{10}} = 91{,}842\%,$$

$$B_C = \frac{4{,}5\%}{(1{,}0415)^1} + \frac{4{,}5\%}{(1{,}0415)^2} + \ldots + \frac{104{,}5\%}{(1{,}0415)^{15}} = 103{,}851\%.$$

Die Geld-Durationen der drei Anleihen können bei einem Nominalwert von EUR 1000 folgendermaßen ermittelt werden:

$$\text{GDUR}_A = 6{,}90 \times 0{,}91670 \times \text{EUR } 1000 = \text{EUR } 6325{,}23,$$

$$\text{GDUR}_B = 8{,}62 \times 0{,}91842 \times \text{EUR } 1000 = \text{EUR } 7916{,}78,$$

$$\text{GDUR}_C = 10{,}85 \times 1{,}03851 \times \text{EUR } 1000 = \text{EUR } 11.267{,}83.$$

Somit verfügt die Anleihe C über die höchste Geld-Duration. Steigt etwa die Verfallrendite um 10 Basispunkte, so fällt der Preis der Anleihe C annäherungsweise um EUR 11,27 (= −EUR 11.267,83 × 0,001) auf EUR 1,027,24 (= EUR 1038,51 − EUR 11,27).

Aufgabe 6

a) Der Valutatag ist Dienstag, der 3. Mai 2016. Vom letzten Kupontermin 18. April 2016 bis zum Valutatag 3. Mai 2016 sind es insgesamt 15 Tage. Der Full-Preis der Linde-Anleihe liegt bei 109,763 %:

$$B_0 = \left[\frac{2\%}{(1{,}005767)^1} + \frac{2\%}{(1{,}005767)^2} + \ldots + \frac{102\%}{(1{,}005767)^7}\right] \times (1{,}005767)^{15/365}$$
$$= 109{,}763\%.$$

b) Um die modifizierte Duration der Daimler-Anleihe zu berechnen, ist zunächst die Macaulay-Duration von 6,582 zu bestimmen (KS = 0,02, VR = 0,005767, T = 7, t = 15, n = 365):

$$\text{MacDUR} = \left[\frac{1{,}005767}{0{,}005767} - \frac{1{,}005767 + 7 \times (0{,}02 - 0{,}005767)}{0{,}02 \times \left[(1{,}005767)^7 - 1\right] + 0{,}005767}\right] - (15/365)$$
$$= 6{,}582.$$

Die modifizierte Duration der Daimler-Anleihe beträgt 6,544:

$$\text{MDUR} = \frac{6{,}582}{1{,}005767} = 6{,}544.$$

c) Damit der PVBP festgelegt werden kann, sind zunächst die Bond-Preise einschließlich Stückzinsen bei einer Ab- und einer Zunahme der Verfallrendite um 1 Basispunkt auf 0,5667 % respektive auf 0,5867 % zu berechnen:

$$B_- = \left[\frac{2\,\%}{(1{,}005667)^1} + \frac{2\,\%}{(1{,}005667)^2} + \ldots + \frac{102\,\%}{(1{,}005667)^7}\right] \times (1{,}005667)^{15/365}$$
$$= 109{,}8350\,\%,$$

$$B_+ = \left[\frac{2\,\%}{(1{,}005867)^1} + \frac{2\,\%}{(1{,}005867)^2} + \ldots + \frac{102\,\%}{(1{,}005867)^7}\right] \times (1{,}005867)^{15/365}$$
$$= 109{,}6913\,\%.$$

Der PVPB beläuft sich auf 0,0719 %:

$$\text{BVPB} = \frac{109{,}8350\,\% - 109{,}6913\,\%}{2} = 0{,}0719\,\%.$$

d) Mithilfe einer tabellarischen Darstellung wird zunächst der Wert des Formelterms $\sum_{t=1}^{T} \frac{(t^2+t)\mathrm{CF}_t}{(1+\mathrm{VR})^t}$ von 5641,877 ermittelt:

Perioden (Jahre t)	$t^2 + t$	Cashflows	$(t^2 + t) \times$ Cashflows	Barwert von $(t^2 + t) \times$ Cashflows
0,9589	1,878	2	3,757	3,736
1,9589	5,796	2	11,592	11,463
2,9589	11,714	2	23,428	23,033
3,9589	19,632	2	39,264	38,380
4,9589	29,550	2	59,099	57,438
5,9589	41,467	2	82,935	80,141
6,9589	55,385	102	5649,289	5427,687
				5641,877

Die modifizierte Konvexität der Anleihe beträgt 50,813:

$$\text{MKONV} = \frac{1}{109{,}763} \times \left(\frac{5641{,}877}{(1{,}005767)^2}\right) = 50{,}813.$$

e) Die Bond-Preise bei einer Verfallrendite von 0,0767 % und 1,0767 % können wie folgt berechnet werden:

$$B_- = \left[\frac{2\,\%}{(1{,}000767)^1} + \frac{2\,\%}{(1{,}000767)^2} + \ldots + \frac{102\,\%}{(1{,}000767)^7}\right] \times (1{,}000767)^{15/365}$$
$$= 113{,}425\,\%,$$

$$B_+ = \left[\frac{2\,\%}{(1{,}010767)^1} + \frac{2\,\%}{(1{,}010767)^2} + \ldots + \frac{102\,\%}{(1{,}010767)^7}\right] \times (1{,}010767)^{15/365}$$
$$= 106{,}240\,\%.$$

Die angenäherte modifizierte Duration liegt bei 6,546:

$$\text{MDUR}_{\text{Approx}} = \frac{113{,}425\,\% - 106{,}240\,\%}{2 \times 0{,}005 \times 109{,}763\,\%} = 6{,}546 \ .$$

Die angenäherte modifizierte Konvexität von 50,655 kann wie folgt bestimmt werden:

$$\text{MKONV}_{\text{Approx}} = \frac{113{,}425\,\% + 106{,}240\,\% - 2 \times 109{,}763\,\%}{(0{,}005)^2 \times 109{,}763\,\%} = 50{,}655 \ .$$

Aufgabe 7

Das kleinste Preisänderungsrisiko bzw. die niedrigste Duration besitzt Anleihe A, weil sie die kürzeste Restlaufzeit von 5 Jahren aufweist und im Vergleich zur Anleihe B mit ebenfalls einer Restlaufzeit von 5 Jahren über einen höheren Kupon von 4 % und eine höhere Verfallrendite von 5 % verfügt.

Das höchste Preisänderungsrisiko bzw. die höchste Duration weist die Nullkuponanleihe D auf. Sie hat die längste Restlaufzeit von 10 Jahren, den niedrigsten Kupon von 0 % und die niedrigste Verfallrendite von 3 %. Nachstehend sind die modifizierten Durationen der vier Anleihen aufgeführt, welche die qualitative Analyse bestätigen:

- Anleihe A: Modifizierte Duration = 4,400,
- Anleihe B: Modifizierte Duration = 4,528,
- Anleihe C: Modifizierte Duration = 7,962,
- Anleihe D: Modifizierte Duration = 9,709 (= 10/1,03).

Aufgabe 8

1. Aussage ist falsch. Die modifizierte Duration stellt die erste Ableitung des Anleihepreises gegenüber einer Änderung der Verfallrendite dar. Der Preis einer Anleihe mit einer eingebetteten Zinsoption lässt sich nicht über eine Preisgleichung bestimmen, da die Laufzeit der Anleihe bzw. der Zeitpunkt der Optionsausübung(en) nicht bekannt sind. Die erwarteten Cashflows hängen vom zukünftigen Zinsniveau ab. Daher wird das Zinsänderungsrisiko mit einer Näherungsformel berechnet, die als effektive Duration bezeichnet wird.
2. Aussage ist falsch. Die Beziehung zwischen der Verfallrendite und der Duration ist negativ. Bei der Berechnung der modifizierten Duration erhalten näher liegende Cashflows aufgrund der höheren Verfallrendite ein größeres Gewicht und zeitlich weiter weg liegende Cashflows ein kleineres Gewicht, was eine niedrigere Duration zur Folge hat.
3. Aussage ist richtig. Die Beziehung zwischen dem Kupon und der Duration ist negativ. Der gewichtete Durchschnitt der erwarteten Cashflows bzw. die Macaulay-Duration und somit die modifizierte Duration wird größer, je kleiner der Kupon ist, weil der Nominalwert zum Fälligkeitszeitpunkt ein höheres Gewicht erhält.

4. Aussage ist falsch. Mit der effektiven Duration wird die Preisänderung einer Anleihe mit einer eingebetteten Zinsoption ermittelt, deren Preis sich aufgrund einer Bewegung der risikolosen Zinsstrukturkurve verändert. Die modifizierte Duration hingegen stellt eine Preissensitivitätsgröße bei einer Änderung der Verfallrendite dar.
5. Aussage ist falsch. Callable Bonds weisen lediglich in einem niedrigen Zinsumfeld, bei dem die Ausübungswahrscheinlichkeit der eingebetteten Call-Option hoch ist, eine negative Konvexität auf. Ist das Zinsniveau hoch und die Wahrscheinlichkeit einer Kündigung klein, verfügt der Callable Bond ebenso wie eine optionsfreie Anleihe über eine positive Konvexität.
6. Aussage ist richtig. Ein Putable Bond besitzt entlang der gesamten Preisfunktionskurve eine positive Konvexität.
7. Aussage ist richtig. In einem niedrigen Zinsumfeld ist die Wahrscheinlichkeit einer Optionsausübung groß, sodass die Duration verglichen mit einer optionsfreien Anleihe kleiner ist, was mit einer kürzeren Restlaufzeit des Callable Bonds konsistent ist. Die niedrigere Duration lässt sich mit dem konkaven Verlauf der Preisfunktionskurve (negative Konvexität) in einem niedrigen Zinsumfeld erklären. Demgegenüber nimmt die Duration der optionsfreien Anleihe zu, wenn die Zinssätze abnehmen. Bei optionsfreien festverzinslichen Anleihen ist die Beziehung zwischen Duration und Verfallrendite negativ.
8. Aussage ist richtig. Key-Rate-Durationen werden für bestimmte Fristigkeiten entlang der Zinsstrukturkurve definiert und ermöglichen so, das Zinsänderungsrisiko einer Anleihe oder eines Portfolios bei einer nicht parallelen Verschiebung der Zinssätze zu erfassen.
9. Aussage ist falsch. Diese Aussage ist nicht für sämtliche optionsfreien festverzinslichen Anleihen gültig. Eine Ausnahme stellen Discount Bonds mit einer langen Restlaufzeit und mit einem Kuponsatz weit unterhalb der Verfallrendite dar. So kann bei einem Rückgang der Restlaufzeit die Duration zuerst ansteigen, bevor sie zu fallen beginnt.

Aufgabe 9

Der Preis der Unternehmensanleihe fällt um 3,180 %:

$$\Delta \%B = \frac{101{,}250\,\%}{104{,}575\,\%} - 1 = -0{,}03180 \,.$$

Die Zunahme der Kreditrisikoprämie kann anhand der Taylor-Reihenentwicklung der zweiten Ordnung berechnet werden:

$$-0{,}0318 = (-6{,}4) \times \Delta \text{Spread} + 0{,}5 \times 45{,}7 \times (\Delta \text{Spread})^2 \,.$$

Wird die quadratische Gleichung nach der Spread-Veränderung aufgelöst, erhält man eine Zunahme der Kreditrisikoprämie von 50,6 Basispunkten ($\Delta \text{Spread} = 0{,}00506$).

Aufgabe 10

1. Aussage ist falsch. Zu den Leistungsverpflichtungen gehören explizit Tätigkeiten, die der Emittent vertraglich einhalten muss wie etwa die fristgerechte Bezahlung der Zinsen und des Nominalwerts.
2. Aussage ist richtig. Je höher die modifizierte Duration einer Anleihe ist, desto größer fällt die Preisänderung bei einer gegebenen Veränderung der Kreditrisikoprämie aus.
3. Aussage ist falsch. Bei einem Rückgang der Kreditrisikoprämie steigt der Bond-Preis, wenn alles andere unverändert bleibt.
4. Aussage ist falsch. Zu den traditionellen Kreditrisikomodellen gehören die Kredit-Scoring-Modelle und die Bonitätsratings. Die strukturellen Modelle und die Reduced-Form-Modelle stellen quantitative Verfahren dar, mit denen einzelne Kreditrisikogrößen wie die Ausfallwahrscheinlichkeit und der erwartete Kreditverlust ermittelt werden können. Demgegenüber fassen die traditionellen Kreditrisikomodelle das Kreditrisiko in einer einzelnen Größe (z. B. Bonitätsrating) zusammen.
5. Aussage ist falsch. Gemäß S&P ist das Rating bei einem Zahlungsausfall D.

Lösungen zu Kapitel 11 „Preisberechnung von Anleihen mit eingebetteten Optionen"

Aufgabe 1

a) Zu den Terminzinssätzen im Binomialbaum ist jeweils der OAS von 30 Basispunkten hinzuzuzählen. Mithilfe der Rückwärtsinduktion erhält man unter Berücksichtigung der Ausübungsregel an den Knotenpunkten des 1. und 2. Jahres einen Preis für den 3-jährigen 5,3 %-Callable Bond von 99,593 %:

$$B_{CBhh} = 0.5 \times \left[\frac{105{,}3\,\%}{(1 + 0{,}074832 + 0{,}003)^1} + \frac{105{,}3\,\%}{(1 + 0{,}074832 + 0{,}003)^1} \right]$$
$$= 97{,}696\,\%\,,$$

$$B_{CBhn} = 0.5 \times \left[\frac{105{,}3\,\%}{(1 + 0{,}055437 + 0{,}003)^1} + \frac{105{,}3\,\%}{(1 + 0{,}055437 + 0{,}003)^1} \right]$$
$$= 99{,}486\,\%\,,$$

$$B_{CBnn} = 0.5 \times \left[\frac{105{,}3\,\%}{(1 + 0{,}041069 + 0{,}003)^1} + \frac{105{,}3\,\%}{(1 + 0{,}041069 + 0{,}003)^1} \right]$$
$$= 100{,}855\,\%\,,$$

$$B_{CBnn} = \text{Min}(100{,}855\,\%,\ 100\,\%) = 100\,\%\,,$$

$$B_{CBh} = 0.5 \times \left[\frac{97{,}696\,\% + 5{,}3\,\%}{(1 + 0{,}057678 + 0{,}003)^1} + \frac{99{,}486\,\% + 5{,}3\,\%}{(1 + 0{,}057678 + 0{,}003)^1} \right]$$
$$= 97{,}948\,\%\,,$$

$$B_{CBn} = 0.5 \times \left[\frac{99{,}486\,\% + 5{,}3\,\%}{(1 + 0{,}042729 + 0{,}003)^1} + \frac{100\,\% + 5{,}3\,\%}{(1 + 0{,}042729 + 0{,}003)^1} \right]$$
$$= 100{,}450\,\%,$$
$$B_{CBn} = \text{Min}(100{,}450\,\%, 100\,\%) = 100\,\%,$$
$$B_{CB0} = 0.5 \times \left[\frac{97{,}948\,\% + 5{,}3\,\%}{(1 + 0{,}044 + 0{,}003)^1} + \frac{100\,\% + 5{,}3\,\%}{(1 + 0{,}044 + 0{,}003)^1} \right]$$
$$= 99{,}593\,\%.$$

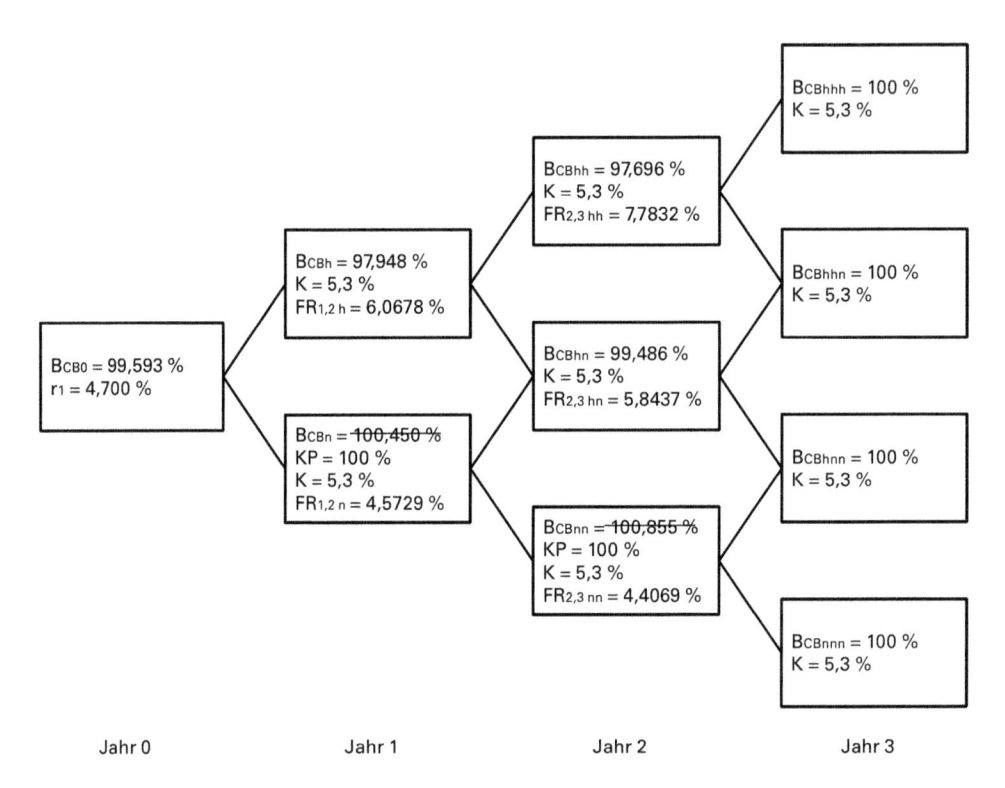

```
                                                                    B_CBhhh = 100 %
                                                                    K = 5,3 %
                                         B_CBhh = 97,696 %
                                         K = 5,3 %
                                         FR_2,3 hh = 7,7832 %
                    B_CBh = 97,948 %
                    K = 5,3 %                                       B_CBhhn = 100 %
                    FR_1,2 h = 6,0678 %                             K = 5,3 %
                                         B_CBhn = 99,486 %
                                         K = 5,3 %
B_CB0 = 99,593 %                         FR_2,3 hn = 5,8437 %
r_1 = 4,700 %
                                                                    B_CBhnn = 100 %
                    B_CBn = 100,450 %                               K = 5,3 %
                    KP = 100 %
                    K = 5,3 %
                    FR_1,2 n = 4,5729 %  B_CBnn = 100,855 %
                                         KP = 100 %
                                         K = 5,3 %
                                         FR_2,3 nn = 4,4069 %
                                                                    B_CBnnn = 100 %
                                                                    K = 5,3 %

Jahr 0              Jahr 1               Jahr 2                     Jahr 3
```

(Im Diagramm sind B_CBn = 100,450 % und B_CBnn = 100,855 % durchgestrichen.)

Um den Wert der eingebetteten Call-Option auszurechnen, sind zunächst die risikolosen Nullkuponsätze von 4,4 % für 1 Jahr, 4,707 % für 2 Jahre und 5,02 % für 3 Jahre zu bestimmen:

$$r_2 = \left[\frac{1{,}047}{1 - \frac{0{,}047}{(1{,}044)^1}} \right]^{1/2} - 1 = 0{,}04707,$$

$$r_3 = \left[\frac{1{,}05}{1 - \left(\frac{0{,}05}{(1{,}044)^1} + \frac{0{,}05}{(1{,}04707)^2} \right)} \right]^{1/3} - 1 = 0{,}0502.$$

10 Lösungen zu Kapitel 11 „Preisberechnung von Anleihen mit eingebetteten Optionen"

Der Preis der optionsfreien Anleihe liegt bei 100,004 %:

$$B_0 = \frac{5{,}3\,\%}{(1+0{,}044+0{,}003)^1} + \frac{5{,}3\,\%}{(1+0{,}04707+0{,}003)^2} + \frac{105{,}3\,\%}{(1+0{,}0502+0{,}003)^3}$$
$$= 100{,}004\,\%\,.$$

Der Wert der eingebetteten Call-Option beträgt 0,411 %:

$$c_0 = 100{,}004\,\% - 99{,}593\,\% = 0{,}411\,\%\,.$$

b) Der Kupon von 6 % lässt sich mit einem Trial-and-Error-Verfahren bestimmen. Mit einem Kupon von 6 % gelangt man zum Preis des Callable Bonds von 101,316 %:

$$B_{CBhh} = 0{,}5 \times \left[\frac{106\,\%}{(1+0{,}074832+0{,}003)^1} + \frac{106\,\%}{(1+0{,}074832+0{,}003)^1}\right]$$
$$= 98{,}346\,\%\,,$$

$$B_{CBhn} = 0{,}5 \times \left[\frac{106\,\%}{(1+0{,}055437+0{,}003)^1} + \frac{106\,\%}{(1+0{,}055437+0{,}003)^1}\right]$$
$$= 100{,}148\,\%\,,$$

$$B_{CBhn} = \text{Min}(100{,}148\,\%, 100\,\%) = 100\,\%\,,$$

$$B_{CBnn} = 0{,}5 \times \left[\frac{106\,\%}{(1+0{,}041069+0{,}003)^1} + \frac{106\,\%}{(1+0{,}041069+0{,}003)^1}\right]$$
$$= 101{,}526\,\%\,,$$

$$B_{CBnn} = \text{Min}(101{,}526\,\%, 100\,\%) = 100\,\%\,,$$

$$B_{CBh} = 0{,}5 \times \left[\frac{98{,}346\,\% + 6\,\%}{(1+0{,}057678+0{,}003)^1} + \frac{100\,\% + 6\,\%}{(1+0{,}057678+0{,}003)^1}\right]$$
$$= 99{,}156\,\%\,,$$

$$B_{CBn} = 0{,}5 \times \left[\frac{100\,\% + 6\,\%}{(1+0{,}042729+0{,}003)^1} + \frac{100\,\% + 6\,\%}{(1+0{,}042729+0{,}003)^1}\right]$$
$$= 101{,}365\,\%\,,$$

$$B_{CBn} = \text{Min}(101{,}365\,\%, 101\,\%) = 101\,\%\,,$$

$$B_{CB0} = 0{,}5 \times \left[\frac{99{,}156\,\% + 6\,\%}{(1+0{,}044+0{,}003)^1} + \frac{101\,\% + 6\,\%}{(1+0{,}044+0{,}003)^1}\right]$$
$$= 101{,}316\,\%\,.$$

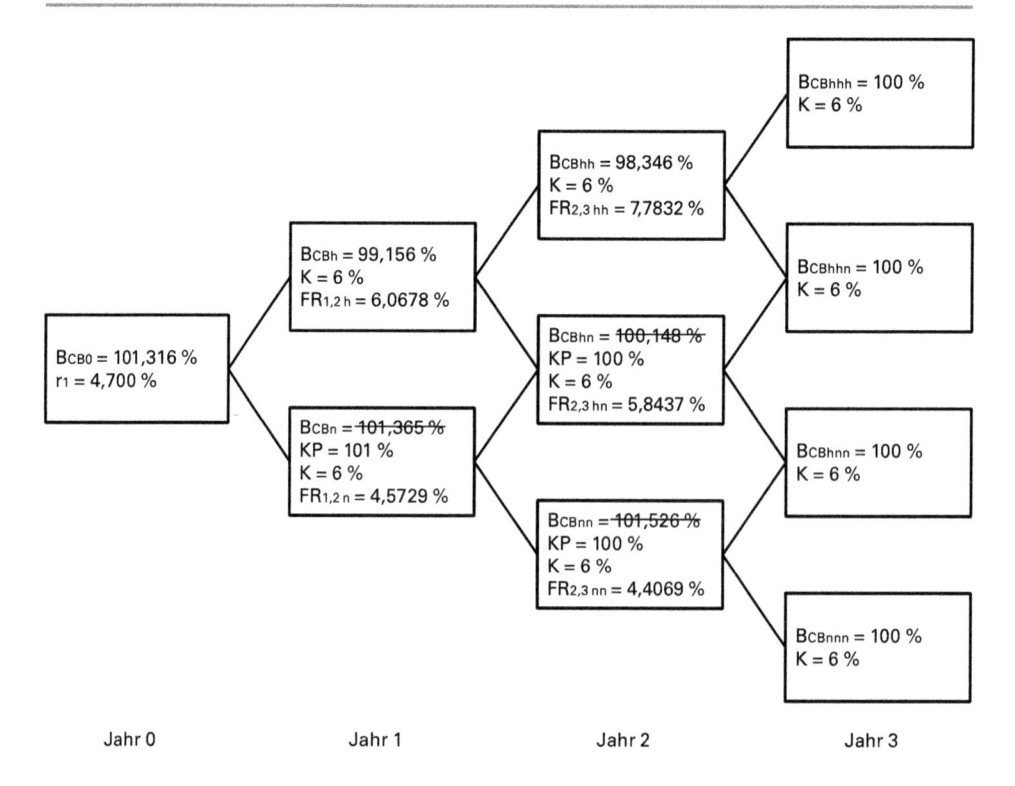

```
                                            ┌─────────────────┐
                                            │ BCBhhh = 100 %  │
                                            │ K = 6 %         │
                                            └─────────────────┘
                        ┌──────────────────┐
                        │ BCBhh = 98,346 % │
                        │ K = 6 %          │
                        │ FR2,3 hh = 7,7832 %│
                        └──────────────────┘
    ┌──────────────────┐                    ┌─────────────────┐
    │ BCBh = 99,156 %  │                    │ BCBhhn = 100 %  │
    │ K = 6 %          │                    │ K = 6 %         │
    │ FR1,2 h = 6,0678 %│                   └─────────────────┘
    └──────────────────┘
                        ┌──────────────────┐
                        │ BCBhn = ~~100,148 %~~ │
                        │ KP = 100 %       │
┌──────────────────┐    │ K = 6 %          │
│ BCB0 = 101,316 % │    │ FR2,3 hn = 5,8437 %│
│ r1 = 4,700 %     │    └──────────────────┘
└──────────────────┘                        ┌─────────────────┐
                                            │ BCBhnn = 100 %  │
    ┌──────────────────┐                    │ K = 6 %         │
    │ BCBn = ~~101,365 %~~ │                └─────────────────┘
    │ KP = 101 %       │
    │ K = 6 %          │
    │ FR1,2 n = 4,5729 %│
    └──────────────────┘┌──────────────────┐
                        │ BCBnn = ~~101,526 %~~ │
                        │ KP = 100 %       │
                        │ K = 6 %          │
                        │ FR2,3 nn = 4,4069 %│
                        └──────────────────┘
                                            ┌─────────────────┐
                                            │ BCBnnn = 100 %  │
                                            │ K = 6 %         │
                                            └─────────────────┘

   Jahr 0           Jahr 1            Jahr 2             Jahr 3
```

c) Mithilfe der Rückwärtsinduktion erhält man unter Berücksichtigung der Ausübungsregel an den Knotenpunkten des 1. und 2. Jahres einen Preis für den 3-jährigen 4,9 %-Putable Bond von 99,970 %:

$$B_{PBhh} = 0{,}5 \times \left[\frac{104{,}9\,\%}{(1 + 0{,}074832 + 0{,}003)^1} + \frac{104{,}9\,\%}{(1 + 0{,}074832 + 0{,}003)^1} \right]$$
$$= 97{,}325\,\%,$$
$$B_{PBhh} = \text{Max}(97{,}325\,\%,\, 100\,\%) = 100\,\%,$$
$$B_{PBhn} = 0{,}5 \times \left[\frac{104{,}9\,\%}{(1 + 0{,}055437 + 0{,}003)^1} + \frac{104{,}9\,\%}{(1 + 0{,}055437 + 0{,}003)^1} \right]$$
$$= 99{,}108\,\%,$$
$$B_{PBhn} = \text{Max}(99{,}108\,\%,\, 100\,\%) = 100\,\%,$$
$$B_{PBnn} = 0{,}5 \times \left[\frac{104{,}9\,\%}{(1 + 0{,}041069 + 0{,}003)^1} + \frac{104{,}9\,\%}{(1 + 0{,}041069 + 0{,}003)^1} \right]$$
$$= 100{,}472\,\%,$$

$$B_{PBh} = 0{,}5 \times \left[\frac{100\% + 4{,}9\%}{(1+0{,}057678+0{,}003)^1} + \frac{100\% + 4{,}9\%}{(1+0{,}057678+0{,}003)^1}\right]$$
$$= 98{,}899\%,$$
$$B_{PBh} = \text{Max}(98{,}899\%, 99\%) = 99\%,$$
$$B_{PBn} = 0{,}5 \times \left[\frac{100\% + 4{,}9\%}{(1+0{,}042729+0{,}003)^1} + \frac{100{,}472\% + 4{,}9\%}{(1+0{,}042729+0{,}003)^1}\right]$$
$$= 100{,}538\%,$$
$$B_{PB0} = 0{,}5 \times \left[\frac{99\% + 4{,}9\%}{(1+0{,}044+0{,}003)^1} + \frac{100{,}538\% + 4{,}9\%}{(1+0{,}044+0{,}003)^1}\right]$$
$$= 99{,}970\%.$$

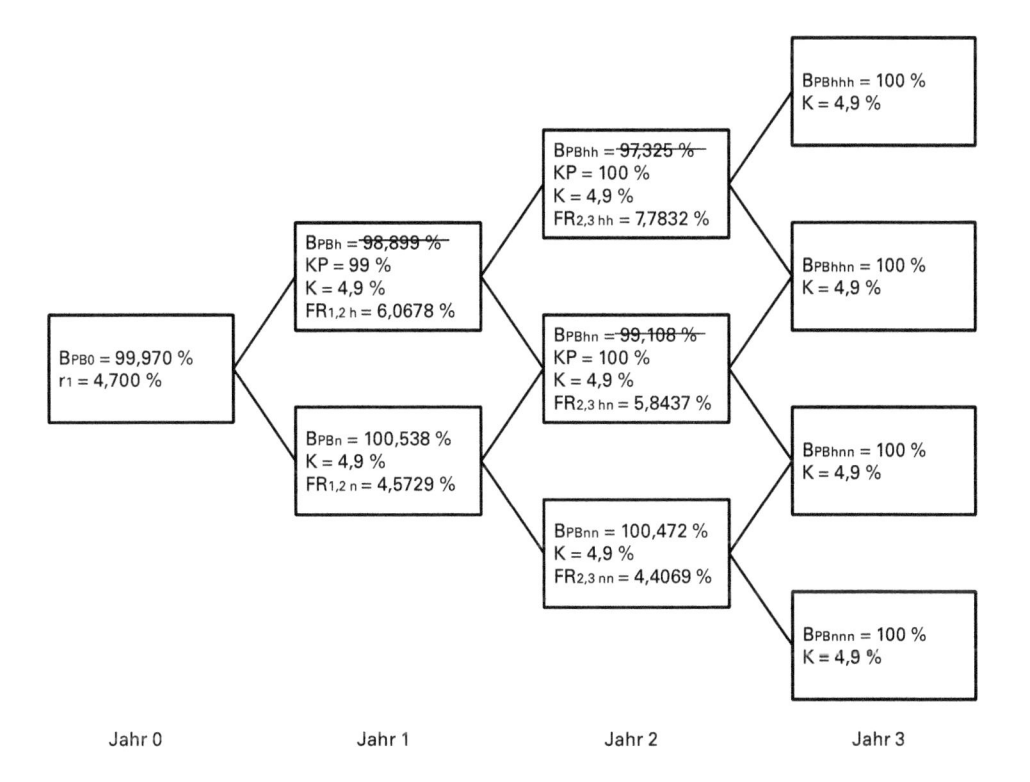

Jahr 0	Jahr 1	Jahr 2	Jahr 3
B_{PB0} = 99,970 % r_1 = 4,700 %	B_{PBh} = ~~98,899 %~~ KP = 99 % K = 4,9 % $FR_{1,2\,h}$ = 6,0678 %	B_{PBhh} = ~~97,325 %~~ KP = 100 % K = 4,9 % $FR_{2,3\,hh}$ = 7,7832 %	B_{PBhhh} = 100 % K = 4,9 %
			B_{PBhhn} = 100 % K = 4,9 %
		B_{PBhn} = ~~99,108 %~~ KP = 100 % K = 4,9 % $FR_{2,3\,hn}$ = 5,8437 %	
	B_{PBn} = 100,538 % K = 4,9 % $FR_{1,2\,n}$ = 4,5729 %		B_{PBhnn} = 100 % K = 4,9 %
		B_{PBnn} = 100,472 % K = 4,9 % $FR_{2,3\,nn}$ = 4,4069 %	
			B_{PBnnn} = 100 % K = 4,9 %

Der Preis der optionsfreien Anleihe von 98,917 % lässt sich wie folgt berechnen:

$$B_0 = \frac{4,9\%}{(1+0,044+0,003)^1} + \frac{4,9\%}{(1+0,04707+0,003)^2} + \frac{104,9\%}{(1+0,0502+0,003)^3}$$
$$= 98,917\%.$$

Der Wert der eingebetteten Put-Option liegt bei 1,053 %:

$$p_0 = 99,970\% - 98,917\% = 1,053\%.$$

d) Die Anleihe 1 ist ein Callable Bond. Bei einem Rückgang der Zinssatzvolatilität verringert sich die Wahrscheinlichkeit, dass der Emittent die Kündigungsoption ausübt, sodass der Wert der eingebetteten Call-Option zurückgeht. Demnach steigt der Preis des Callable Bonds, da der Preis der optionsfreien Anleihe von der Zinssatzvolatilität nicht beeinflusst wird.

e) Die Anleihe 3 ist ein Putable Bond. Steigt die Zinssatzvolatilität, so nimmt der Preis der eingebetteten Put-Option zu, was einen höheren Preis des Putable Bonds zur Folge hat.

f) Steigt die Zinssatzvolatilität von 15 % auf 20 %, nehmen die Optionskosten zu. Geht man davon aus, dass der Preis des Callable Bonds und somit der Z-Spread unverändert bleiben, resultiert daraus ein niedrigerer OAS: OAS = Z-Spread − Optionskosten.

Aufgabe 2

a) An jedem Knotenpunkt im Binomialbaum ist der Kuponsatz mit dem Cap-Satz von 6,5 % zu vergleichen. Überschreitet der Kuponsatz (1-jähriger EURIBOR-Terminzinssatz plus 50 Basispunkte) den Cap-Satz von 6,5 %, ist als Kupon der Cap-Satz von 6,5 % am Knotenpunkt einzusetzen. Die erwartete Rendite setzt sich aus dem 1-jährigen EURIBOR-Terminswapsatz und der Discount Margin von 50 Basispunkten zusammen, da an einem Knotenpunkt der Kupon ohne Cap der erwarteten Rendite entspricht. Die Preisberechnung der 3-jährigen variabel verzinslichen Anleihe mit einem Cap-Satz von 6,5 % anhand des binomialen Zinsbaums ist nachstehend aufgeführt.

Binomialbaum

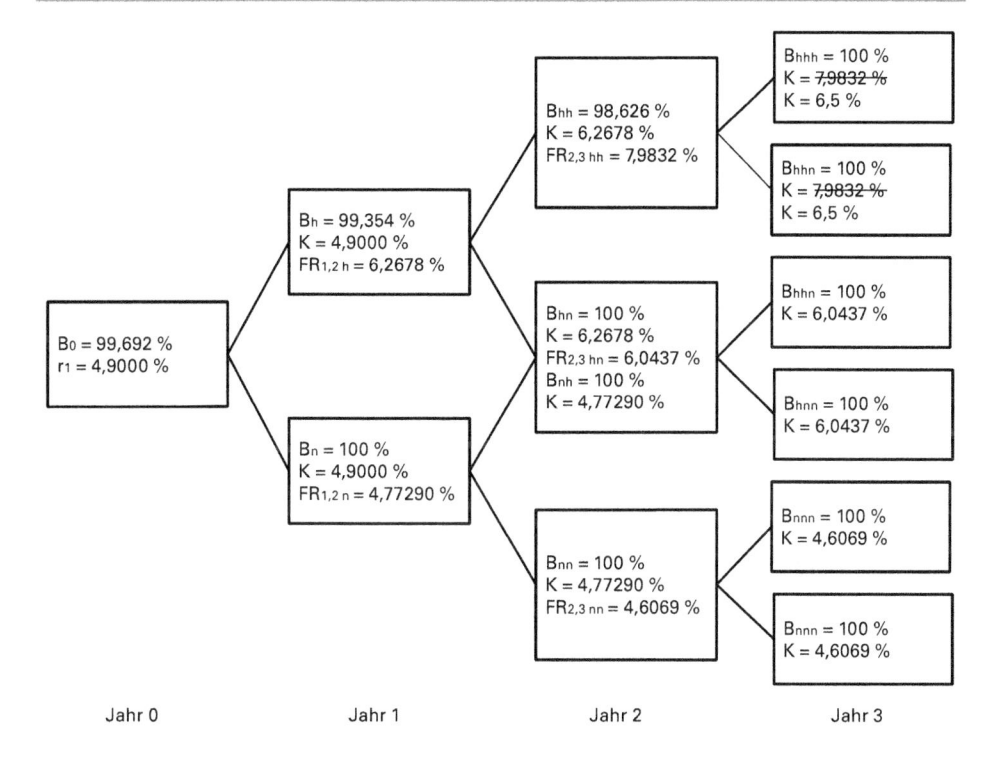

- $B_0 = 99{,}692\ \%$
- $r_1 = 4{,}9000\ \%$

Knoten h (Jahr 1):
- $B_h = 99{,}354\ \%$
- $K = 4{,}9000\ \%$
- $FR_{1,2\,h} = 6{,}2678\ \%$

Knoten n (Jahr 1):
- $B_n = 100\ \%$
- $K = 4{,}9000\ \%$
- $FR_{1,2\,n} = 4{,}77290\ \%$

Knoten hh (Jahr 2):
- $B_{hh} = 98{,}626\ \%$
- $K = 6{,}2678\ \%$
- $FR_{2,3\,hh} = 7{,}9832\ \%$

Knoten hn (Jahr 2):
- $B_{hn} = 100\ \%$
- $K = 6{,}2678\ \%$
- $FR_{2,3\,hn} = 6{,}0437\ \%$
- $B_{nh} = 100\ \%$
- $K = 4{,}77290\ \%$

Knoten nn (Jahr 2):
- $B_{nn} = 100\ \%$
- $K = 4{,}77290\ \%$
- $FR_{2,3\,nn} = 4{,}6069\ \%$

Jahr 3:
- $B_{hhh} = 100\ \%$; $K = \cancel{7{,}9832\ \%}$; $K = 6{,}5\ \%$
- $B_{hhn} = 100\ \%$; $K = \cancel{7{,}9832\ \%}$; $K = 6{,}5\ \%$
- $B_{hhn} = 100\ \%$; $K = 6{,}0437\ \%$
- $B_{hnn} = 100\ \%$; $K = 6{,}0437\ \%$
- $B_{nnn} = 100\ \%$; $K = 4{,}6069\ \%$
- $B_{nnn} = 100\ \%$; $K = 4{,}6069\ \%$

Jahr 0 — Jahr 1 — Jahr 2 — Jahr 3

Der Wert des eingebetteten Caps beläuft sich auf 0,308 %:

$$\text{Cap}_0 = 100\ \% - 99{,}692\ \% = 0{,}308\ \%.$$

b) Da die Kuponsätze an jedem Knotenpunkt größer als der Floor-Satz von 2 % sind, beträgt der Preis der variabel verzinslichen Anleihe 100 %.

Aufgabe 3

a) Aufgrund der niedrigeren OAS erscheint die Anleihe 1 gegenüber der Anleihe 2 überbewertet.

b) Der Preis der optionsfreien Anleihe lässt sich mit einer Preisgleichung, bei der die Cashflows mit den laufzeitgerechten risikoadäquaten Diskontsätzen diskontiert werden, oder mit dem binomialen Zinsbaum berechnen. Beim ersten Bewertungsverfahren sind zunächst die risikolosen Nullkuponsätze zu eruieren. Die risikolosen Nullkuponsätze sind 2,5 % für 1 Jahr, 3,008 % für 2 Jahre und 3,524 % für 3 Jahre.

Dabei können die 2- und 3-jährigen Nullkuponsätze wie folgt ermittelt werden:

$$r_2 = \left[\frac{1{,}03}{1 - \frac{0{,}03}{(1{,}025)^1}} \right]^{1/2} - 1 = 0{,}03008 \,,$$

$$r_3 = \left[\frac{1{,}035}{1 - \left(\frac{0{,}035}{(1{,}025)^1} + \frac{0{,}035}{(1{,}03008)^2} \right)} \right]^{1/3} - 1 = 0{,}03524 \,.$$

Der Preis der optionsfreien Anleihe liegt bei 100,287 %:

$$B_0 = \frac{4\,\%}{(1 + 0{,}025 + 0{,}004)^1} + \frac{4\,\%}{(1 + 0{,}03008 + 0{,}004)^2} + \frac{104\,\%}{(1 + 0{,}03524 + 0{,}004)^3}$$
$$= 100{,}287\,\% \,.$$

Alternativ lässt sich mit einem binomialen Zinsbaum ebenfalls ein Preis der optionsfreien Anleihe 1 von 100,287 % berechnen:

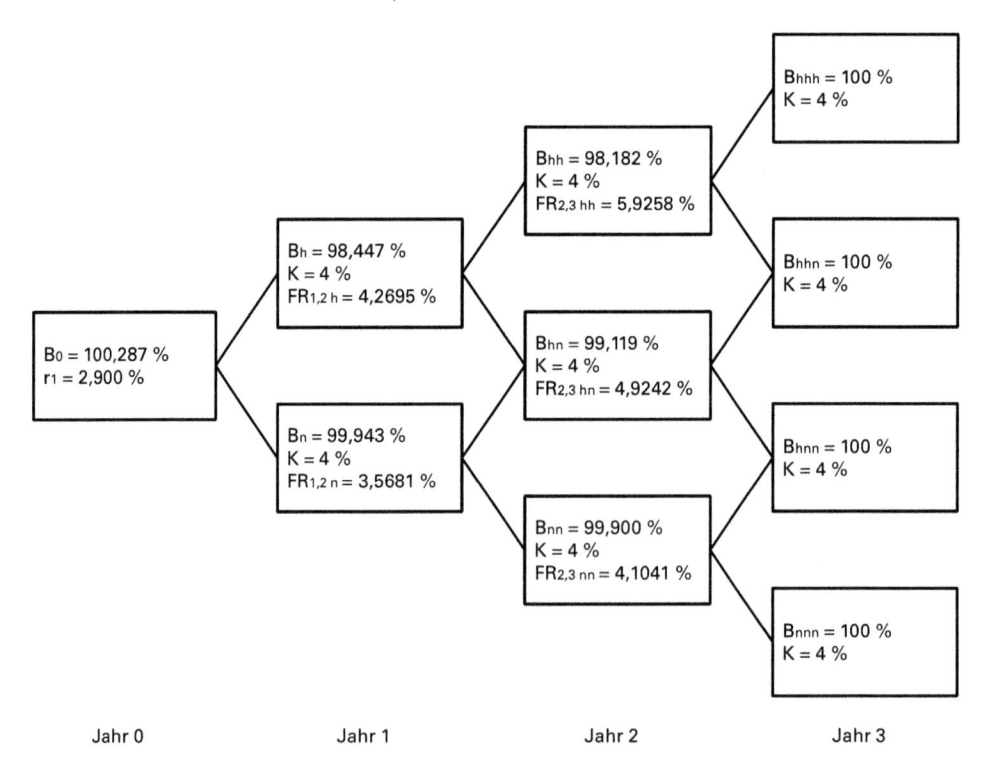

$B_{hhh} = 100\,\%$
$K = 4\,\%$

$B_{hh} = 98{,}182\,\%$
$K = 4\,\%$
$FR_{2,3\,hh} = 5{,}9258\,\%$

$B_h = 98{,}447\,\%$
$K = 4\,\%$
$FR_{1,2\,h} = 4{,}2695\,\%$

$B_{hhn} = 100\,\%$
$K = 4\,\%$

$B_0 = 100{,}287\,\%$
$r_1 = 2{,}900\,\%$

$B_{hn} = 99{,}119\,\%$
$K = 4\,\%$
$FR_{2,3\,hn} = 4{,}9242\,\%$

$B_n = 99{,}943\,\%$
$K = 4\,\%$
$FR_{1,2\,n} = 3{,}5681\,\%$

$B_{hnn} = 100\,\%$
$K = 4\,\%$

$B_{nn} = 99{,}900\,\%$
$K = 4\,\%$
$FR_{2,3\,nn} = 4{,}1041\,\%$

$B_{nnn} = 100\,\%$
$K = 4\,\%$

Jahr 0   Jahr 1   Jahr 2   Jahr 3

c) Der Preis der Anleihe 4 (Callable Bond) liegt bei 101,444 %.

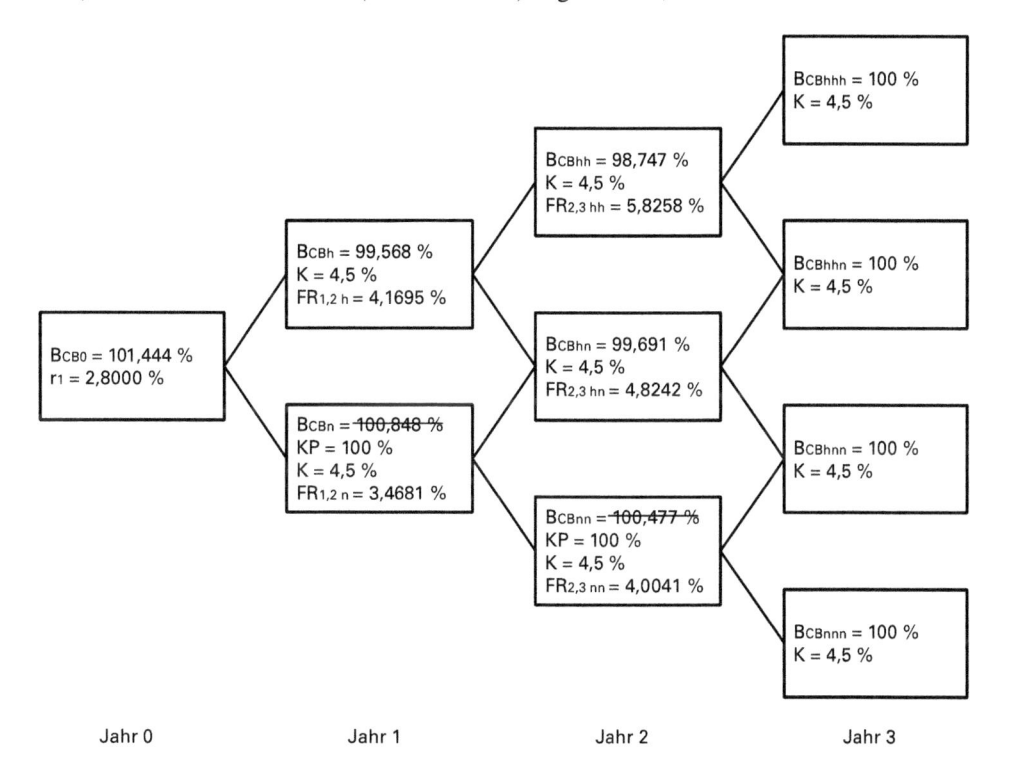

```
                                                                    B_CBhhh = 100 %
                                                                    K = 4,5 %

                                           B_CBhh = 98,747 %
                                           K = 4,5 %
                                           FR_2,3 hh = 5,8258 %

                    B_CBh = 99,568 %                                B_CBhhn = 100 %
                    K = 4,5 %                                       K = 4,5 %
                    FR_1,2 h = 4,1695 %

B_CB0 = 101,444 %                          B_CBhn = 99,691 %
r_1 = 2,8000 %                             K = 4,5 %
                                           FR_2,3 hn = 4,8242 %

                    B_CBn = ~~100,848 %~~                           B_CBhnn = 100 %
                    KP = 100 %                                      K = 4,5 %
                    K = 4,5 %
                    FR_1,2 n = 3,4681 %

                                           B_CBnn = ~~100,477 %~~
                                           KP = 100 %
                                           K = 4,5 %
                                           FR_2,3 nn = 4,0041 %

                                                                    B_CBnnn = 100 %
                                                                    K = 4,5 %

   Jahr 0              Jahr 1                  Jahr 2                  Jahr 3
```

d) Der Preis der Anleihe 5 (Putable Bond) beläuft sich auf 100,839 %.

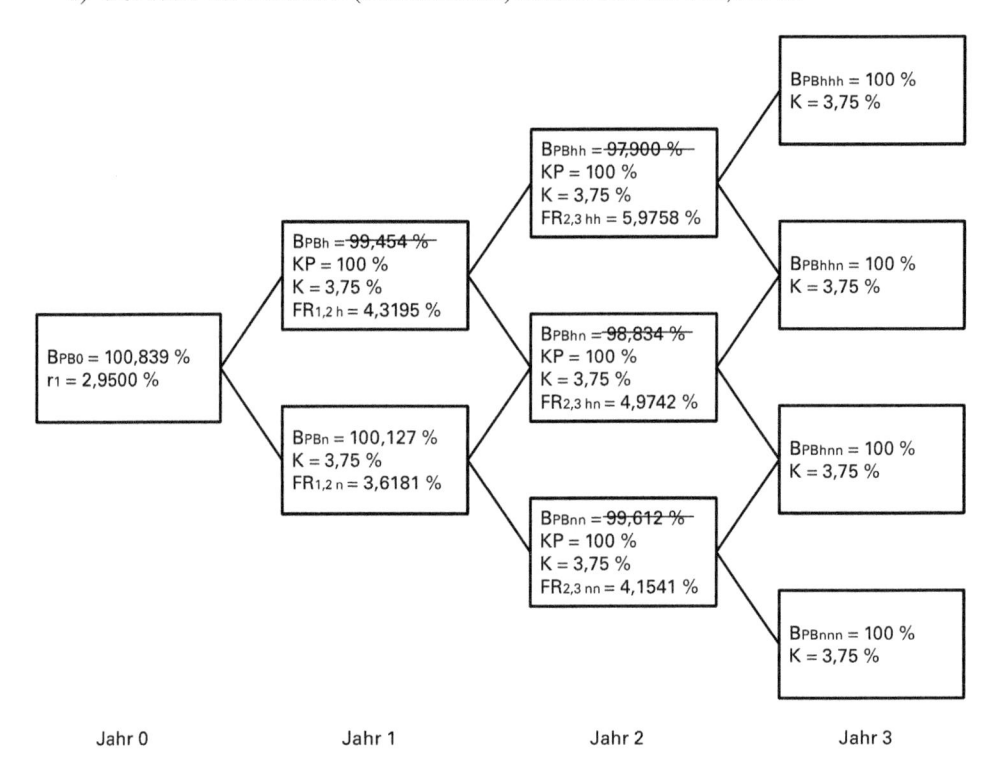

```
                                                                    B_PBhhh = 100 %
                                                                    K = 3,75 %
                                         B_PBhh = 97,900 %
                                         KP = 100 %
                                         K = 3,75 %
                                         FR_2,3 hh = 5,9758 %
              B_PBh = 99,454 %                                      B_PBhhn = 100 %
              KP = 100 %                                            K = 3,75 %
              K = 3,75 %
              FR_1,2 h = 4,3195 %
                                         B_PBhn = 98,834 %
                                         KP = 100 %
B_PB0 = 100,839 %                        K = 3,75 %
r_1 = 2,9500 %                           FR_2,3 hn = 4,9742 %
                                                                    B_PBhnn = 100 %
                                                                    K = 3,75 %
              B_PBn = 100,127 %
              K = 3,75 %
              FR_1,2 n = 3,6181 %
                                         B_PBnn = 99,612 %
                                         KP = 100 %
                                         K = 3,75 %
                                         FR_2,3 nn = 4,1541 %
                                                                    B_PBnnn = 100 %
                                                                    K = 3,75 %

Jahr 0            Jahr 1            Jahr 2            Jahr 3
```

10 Lösungen zu Kapitel 11 „Preisberechnung von Anleihen mit eingebetteten Optionen"

e) Damit die effektive Duration und die effektive Konvexität berechnet werden können, sind zunächst die Preise der kündbaren Anleihe 4 (Callable Bond) nach einer Veränderung der risikolosen Nullkuponsätze von ±30 Basispunkten zu bestimmen. Der Preis der Anleihe 4 nach einer Zinssatzerhöhung von 30 Basispunkten ist 100,849 %.

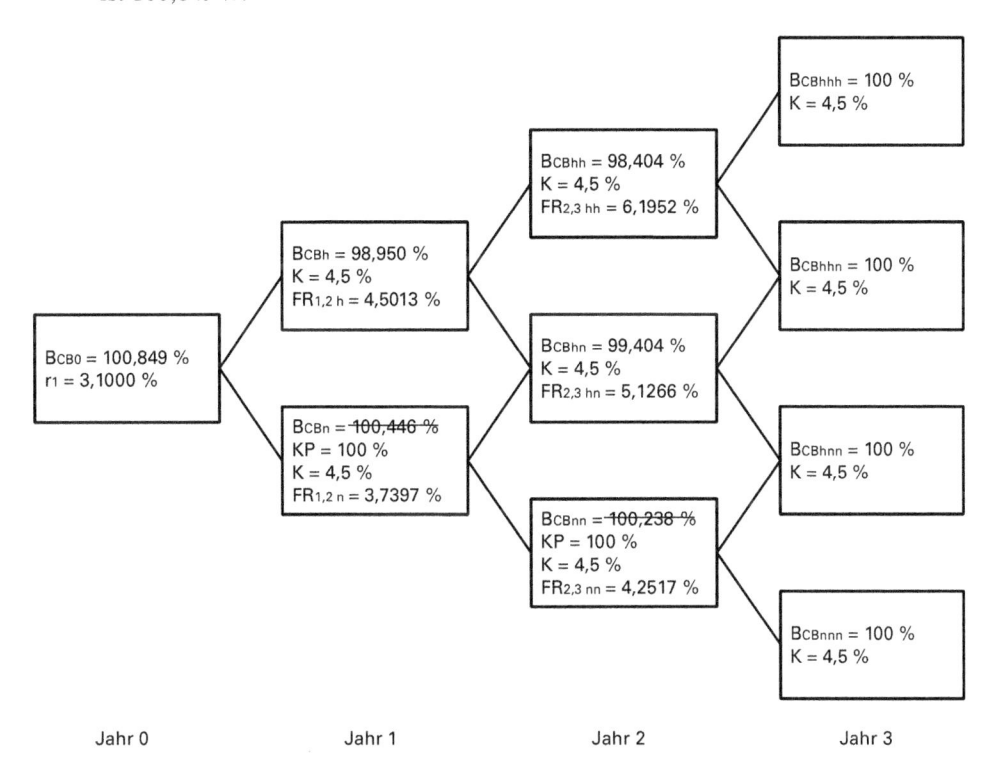

```
Jahr 0                    Jahr 1                      Jahr 2                       Jahr 3

                                                                               BCBhhh = 100 %
                                                                               K = 4,5 %
                                                  BCBhh = 98,404 %
                                                  K = 4,5 %
                                                  FR2,3 hh = 6,1952 %
                        BCBh = 98,950 %                                        BCBhhn = 100 %
                        K = 4,5 %                                              K = 4,5 %
                        FR1,2 h = 4,5013 %
BCB0 = 100,849 %                                  BCBhn = 99,404 %
r1 = 3,1000 %                                     K = 4,5 %
                                                  FR2,3 hn = 5,1266 %
                        BCBn = ~~100,446~~ %                                   BCBhnn = 100 %
                        KP = 100 %                                             K = 4,5 %
                        K = 4,5 %
                        FR1,2 n = 3,7397 %
                                                  BCBnn = ~~100,238~~ %
                                                  KP = 100 %
                                                  K = 4,5 %
                                                  FR2,3 nn = 4,2517 %
                                                                               BCBnnn = 100 %
                                                                               K = 4,5 %
```

Der Preis der Anleihe 4 nach einer Zinssatzreduktion von 30 Basispunkten liegt bei 101,951 %.

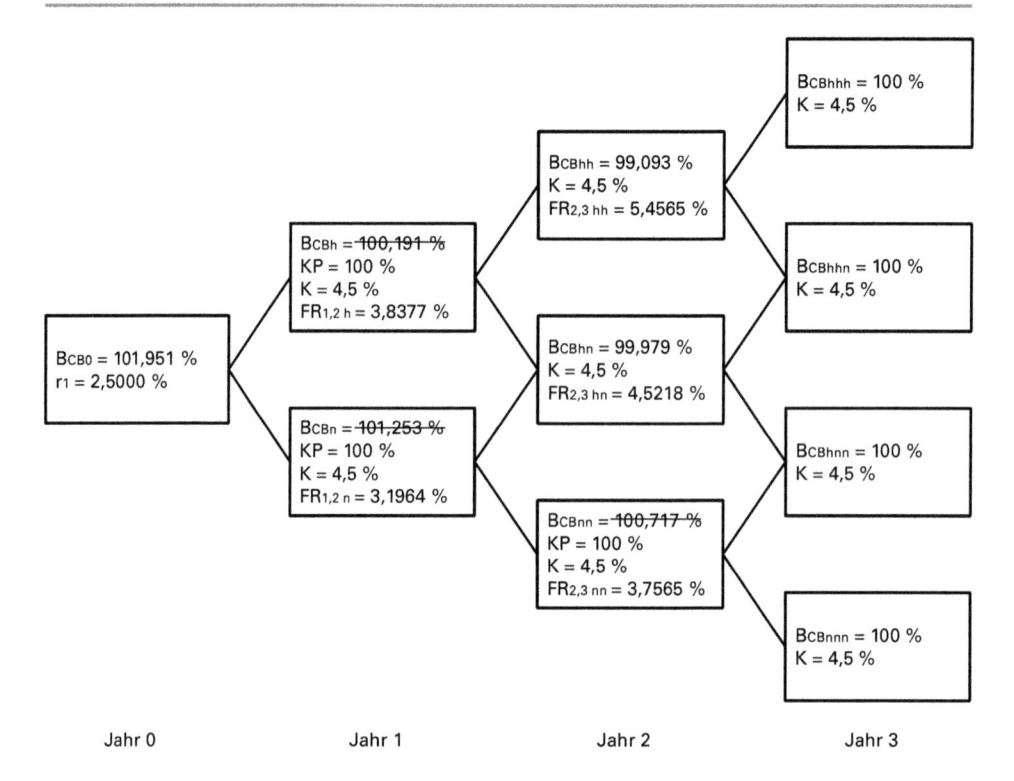

```
                                                              ┌─────────────────┐
                                                              │ B_CBhhh = 100 % │
                                                              │ K = 4,5 %       │
                                                              └─────────────────┘
                                    ┌──────────────────────┐
                                    │ B_CBhh = 99,093 %    │
                                    │ K = 4,5 %            │
                                    │ FR_2,3 hh = 5,4565 % │
                                    └──────────────────────┘
         ┌──────────────────────┐                              ┌─────────────────┐
         │ B_CBh = 100,191 %    │                              │ B_CBhhn = 100 % │
         │ KP = 100 %           │                              │ K = 4,5 %       │
         │ K = 4,5 %            │                              └─────────────────┘
         │ FR_1,2 h = 3,8377 %  │
         └──────────────────────┘
                                    ┌──────────────────────┐
┌──────────────────────┐            │ B_CBhn = 99,979 %    │
│ B_CB0 = 101,951 %    │            │ K = 4,5 %            │
│ r_1 = 2,5000 %       │            │ FR_2,3 hn = 4,5218 % │
└──────────────────────┘            └──────────────────────┘
         ┌──────────────────────┐                              ┌─────────────────┐
         │ B_CBn = 101,253 %    │                              │ B_CBhnn = 100 % │
         │ KP = 100 %           │                              │ K = 4,5 %       │
         │ K = 4,5 %            │                              └─────────────────┘
         │ FR_1,2 n = 3,1964 %  │
         └──────────────────────┘
                                    ┌──────────────────────┐
                                    │ B_CBnn = 100,717 %   │
                                    │ KP = 100 %           │
                                    │ K = 4,5 %            │
                                    │ FR_2,3 nn = 3,7565 % │
                                    └──────────────────────┘
                                                              ┌─────────────────┐
                                                              │ B_CBnnn = 100 % │
                                                              │ K = 4,5 %       │
                                                              └─────────────────┘

    Jahr 0            Jahr 1              Jahr 2              Jahr 3
```

Die Effektive Duration der Anleihe 4 von 1,811 kann wie folgt bestimmt werden:

$$\text{EDUR} = \frac{101{,}951\,\% - 100{,}849\,\%}{2 \times 101{,}444\,\% \times 0{,}003} = 1{,}811\,.$$

Die effektive Konvexität des Callable Bonds ist negativ und beläuft sich auf −96,386:

$$\text{EKONV} = \frac{101{,}951\,\% + 100{,}849\,\% - 2 \times 101{,}444\,\%}{101{,}444\,\% \times (0{,}003)^2} = -96{,}386\,.$$

f) Der Preis der Anleihe 5 (Putable Bond) beträgt nach einer Zinssatzerhöhung von 30 Basispunkten 100,484 %.

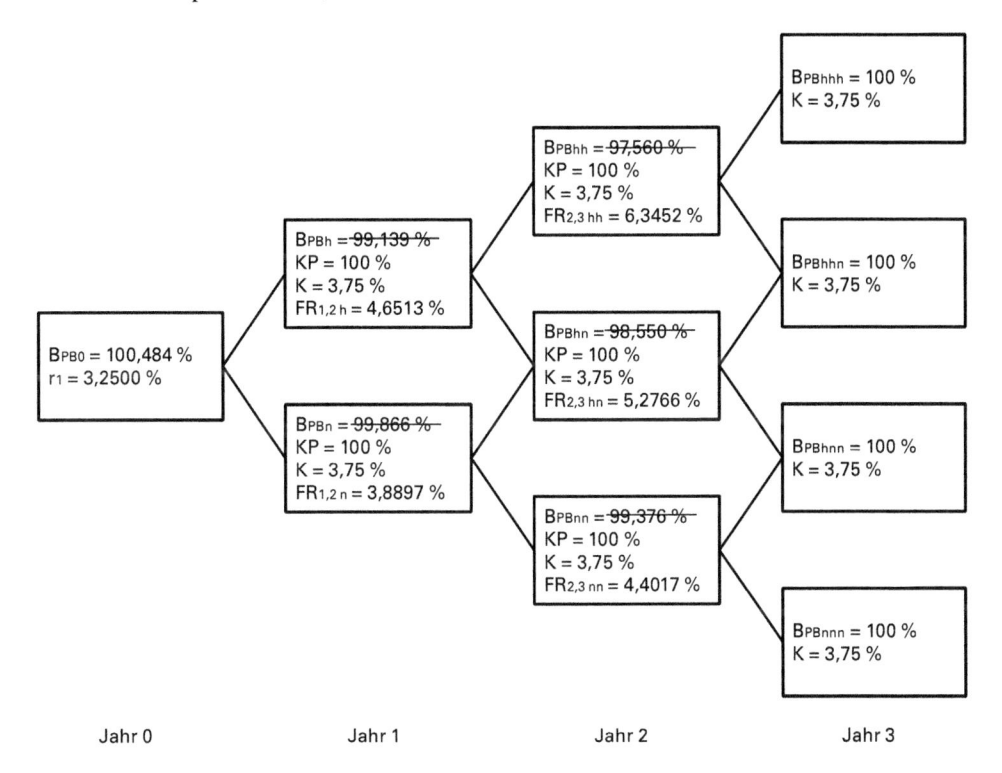

```
Jahr 0                    Jahr 1                      Jahr 2                         Jahr 3

                                                                                  B_PBhhh = 100 %
                                                                                  K = 3,75 %

                                                   B_PBhh = 97,560 %
                                                   KP = 100 %
                                                   K = 3,75 %
                                                   FR_2,3 hh = 6,3452 %

                          B_PBh = 99,139 %                                        B_PBhhn = 100 %
                          KP = 100 %                                              K = 3,75 %
                          K = 3,75 %
                          FR_1,2 h = 4,6513 %
                                                   B_PBhn = 98,550 %
B_PB0 = 100,484 %                                  KP = 100 %
r_1 = 3,2500 %                                     K = 3,75 %
                                                   FR_2,3 hn = 5,2766 %
                          B_PBn = 99,866 %                                        B_PBhnn = 100 %
                          KP = 100 %                                              K = 3,75 %
                          K = 3,75 %
                          FR_1,2 n = 3,8897 %
                                                   B_PBnn = 99,376 %
                                                   KP = 100 %
                                                   K = 3,75 %
                                                   FR_2,3 nn = 4,4017 %

                                                                                  B_PBnnn = 100 %
                                                                                  K = 3,75 %
```

(Die durchgestrichenen Werte BPBh = 99,139 %, BPBhh = 97,560 %, BPBhn = 98,550 %, BPBn = 99,866 %, BPBnn = 99,376 % sind im Original durchgestrichen.)

Der Preis der Anleihe 5 (Putable Bond) liegt nach einer Zinssatzsenkung von 30 Basispunkten bei 101,262 %.

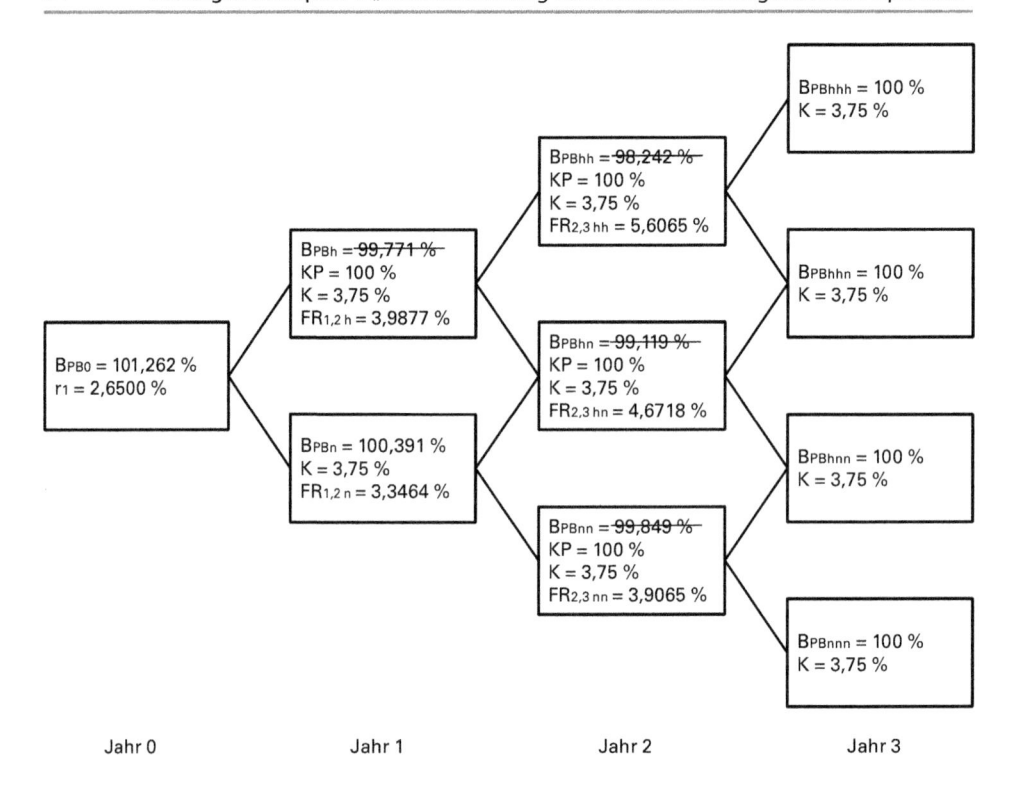

```
                                                          ┌─ BPBhhh = 100 %
                                                          │  K = 3,75 %
                                         ┌─ BPBhh = 98,242 % ─┤
                                         │  KP = 100 %        │
                                         │  K = 3,75 %        │
                                         │  FR2,3 hh = 5,6065 %
                           BPBh = 99,771 %                    └─ BPBhhn = 100 %
                           KP = 100 %                             K = 3,75 %
                           K = 3,75 %
                           FR1,2 h = 3,9877 %
                                         ┌─ BPBhn = 99,119 %
                                         │  KP = 100 %
           BPB0 = 101,262 %               │  K = 3,75 %
           r1 = 2,6500 %                  │  FR2,3 hn = 4,6718 %
                                                          ┌─ BPBhnn = 100 %
                                                              K = 3,75 %
                           BPBn = 100,391 %
                           K = 3,75 %
                           FR1,2 n = 3,3464 %
                                         ┌─ BPBnn = 99,849 %
                                         │  KP = 100 %
                                         │  K = 3,75 %
                                         │  FR2,3 nn = 3,9065 %
                                                          └─ BPBnnn = 100 %
                                                              K = 3,75 %
```

Jahr 0   Jahr 1   Jahr 2   Jahr 3

Die effektive Duration und die effektive Konvexität des Putable Bonds können wie folgt berechnet werden:

$$\text{EDUR} = \frac{101{,}262\,\% - 100{,}484\,\%}{2 \times 100{,}839\,\% \times 0{,}003} = 1{,}286\,,$$

$$\text{EKONV} = \frac{101{,}262\,\% + 100{,}484\,\% - 2 \times 100{,}839\,\%}{100{,}839\,\% \times (0{,}003)^2} = 74{,}927\,.$$

Aufgabe 4

1. Aussage ist falsch. Fallen die Zinssätze, so erhöht sich die Wahrscheinlichkeit, dass die Call-Option durch den Emittenten ausgeübt wird. Demnach verkürzt sich die Laufzeit des Callable Bonds, was sich negativ auf die Duration auswirkt. Darüber hinaus konvergiert bei fallenden Zinssätzen der Preis des Callable Bonds gegen den Kündigungspreis, was dazu führt, dass die Konvexität der Preisfunktionskurve negativ wird. Folglich fällt bei einer gleichmäßigen Zinssatzänderung nach oben und nach unten die Preiszunahme kleiner aus als der Preisrückgang.
2. Aussage 2 ist richtig. Damit der binomiale Zinsbaum für die Preisberechnung von Anleihen mit eingebetteten Optionen eingesetzt werden kann, muss dieser arbitragefrei sein.

3. Aussage 3 ist richtig. Für die Erstellung des binomialen Zinsbaums sind zum einen ein Zinssatzmodell und zum anderen eine Zinssatzvolatilität erforderlich.
4. Aussage 4 ist falsch. Ist die Benchmarkkurve durch die Nullkupon-Swapsatzkurve gegeben, kann der OAS sowohl positiv als auch negativ sein. Der OAS ist nur dann immer positiv, wenn die Benchmarkkurve durch die risikolose Nullkuponsatzkurve gegeben ist.
5. Aussage 5 ist falsch. Der OAS ist bei Putable Bonds nicht negativ. Werden für die Benchmark die risikolosen Nullkuponsätze verwendet, ist der OAS für Callable und Putable Bonds positiv, da sie eine Renditeentschädigung für das Kredit- und Marktliquiditätsrisiko verkörpern.
6. Aussage 6 ist falsch. Das Optionsrisiko der Anleihe wird an den entsprechenden Knotenpunkten des Binomialbaums erfasst, indem aufgrund des berechneten Preises und des Kündigungspreises festgelegt wird, ob die Option ausgeübt wird oder nicht. Damit das Optionsrisiko nicht doppelt gezählt wird, sind die Diskontsätze und somit der OAS optionsfrei.
7. Aussage 7 ist falsch. Der OAS eines Putable Bonds ergibt sich aus dem Z-Spread plus den Optionskosten. Der Investor eines Putable Bonds hält eine Long-Put-Option. Die hierfür erforderliche Optionsprämie führt zu einem niedrigeren Z-Spread. Daher sind bei der Berechnung des OAS die Optionskosten zum Z-Spread hinzuzuzählen. Bei einem Callable Bond hingegen sind die Optionskosten vom Z-Spread abzuziehen, da der Investor eine in der Anleihe eingebettete Short-Call-Option besitzt.
8. Aussage 8 ist richtig. Ein vergleichsweise zu niedriger OAS führt zu einem zu hohen Bond-Preis, sodass die Anleihe überbewertet erscheint.

Aufgabe 5

Der Preis der 3-jährigen Multi-Step-up-Anleihe beträgt 98,539 %.

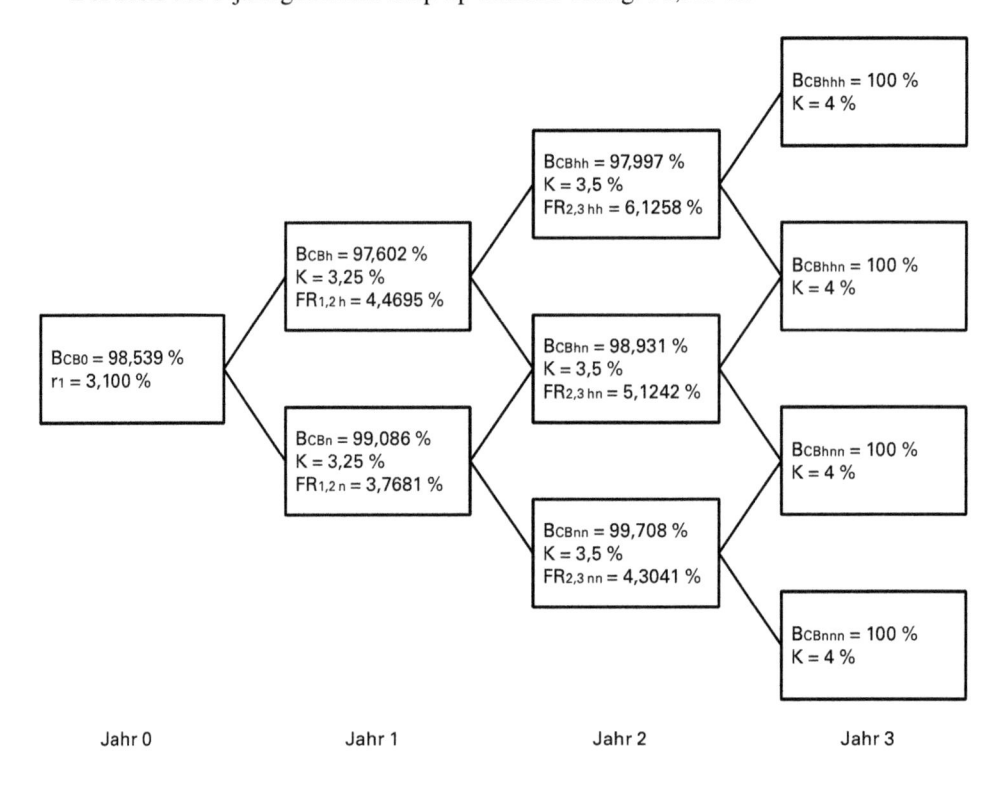

```
Jahr 0                  Jahr 1                    Jahr 2                     Jahr 3

                                                                        BCBhhh = 100 %
                                                                        K = 4 %

                                              BCBhh = 97,997 %
                                              K = 3,5 %
                                              FR2,3 hh = 6,1258 %

                        BCBh = 97,602 %                                  BCBhhn = 100 %
                        K = 3,25 %                                       K = 4 %
                        FR1,2 h = 4,4695 %

BCB0 = 98,539 %                               BCBhn = 98,931 %
r1 = 3,100 %                                  K = 3,5 %
                                              FR2,3 hn = 5,1242 %

                        BCBn = 99,086 %                                  BCBhnn = 100 %
                        K = 3,25 %                                       K = 4 %
                        FR1,2 n = 3,7681 %

                                              BCBnn = 99,708 %
                                              K = 3,5 %
                                              FR2,3 nn = 4,3041 %

                                                                        BCBnnn = 100 %
                                                                        K = 4 %
```

Aufgabe 6

a) Zuerst sind die Aktienpreise nach einer Auf- und Abwärtsbewegung zu berechnen. Hierzu sind die Auf- und Abwärtsfaktoren zu bestimmen:

$$u = e^{0,3 \times \sqrt{1}} = 1,3499 \, ,$$

$$d = e^{-0,3 \times \sqrt{1}} = 0,7408 \, .$$

Die Aktienpreise im Drei-Perioden-Binomialbaum lauten wie folgt:

10 Lösungen zu Kapitel 11 „Preisberechnung von Anleihen mit eingebetteten Optionen"

```
                                              S_uuu =
                                              59,04
                              S_uu =
                              43,73
              S_u =                           S_uud =
              32,40                           32,40
S_0 =                         S_ud =
24,00                         24,00
              S_d = 17,78                     S_udd =
                                              17,78
                              S_dd =
                              13,17
                                              S_ddd =
                                              9,76

Jahr 0        Jahr 1         Jahr 2          Jahr 3
```

Der stetige risikolose Zinssatz liegt bei 1,489 % [= ln(1 + 0,015)]. Die risikoneutralen Wahrscheinlichkeiten einer Auf- und Abwärtsbewegung betragen 0,4502 respektive 0,5498:

$$\pi_u = \frac{e^{0,01489 \times 1} - 0,7408}{1,3499 - 0,7408} = 0,4502,$$

$$\pi_d = 1 - 0,4502 = 0,5498.$$

Die Conversion Values ergeben sich aus dem Aktienpreis multipliziert mit dem Umtauschverhältnis von 40. Im Drei-Perioden-Binomialbaum liegen die folgenden Conversion Values vor:

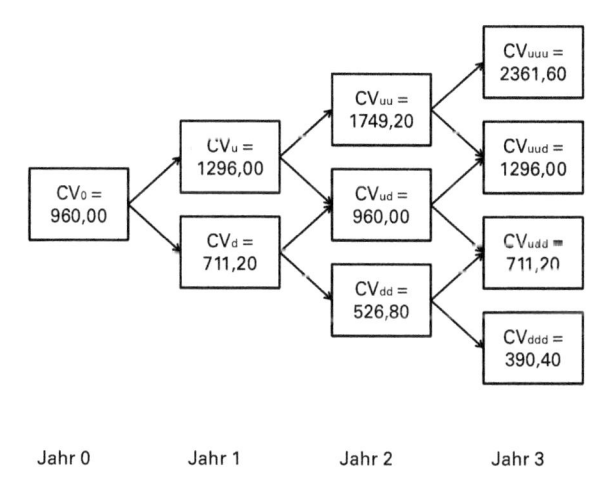

```
                                              CV_uuu =
                                              2361,60
                              CV_uu =
                              1749,20
              CV_u =                          CV_uud =
              1296,00                         1296,00
CV_0 =                        CV_ud =
960,00                        960,00
              CV_d =                          CV_udd =
              711,20                          711,20
                              CV_dd =
                              526,80
                                              CV_ddd =
                                              390,40

Jahr 0        Jahr 1         Jahr 2          Jahr 3
```

Am Fälligkeitstag besteht der Wert der Wandelanleihe aus dem Nominalwert von EUR 1000 und dem Kupon von EUR 25. Die Anleihe wird nur dann in Aktien umgetauscht, wenn der Conversion Value über dem Wert der Wandelanleihe von EUR

1025 zu liegen kommt. In einem solchen Fall ist die Wandlungswahrscheinlichkeit 100 %, ansonsten 0 %. Ausgehend vom Fälligkeitszeitpunkt und den risikoneutralen Wahrscheinlichkeiten lassen sich anhand der Rückwärtsinduktion die anderen Wandlungswahrscheinlichkeiten im Baum ermitteln.

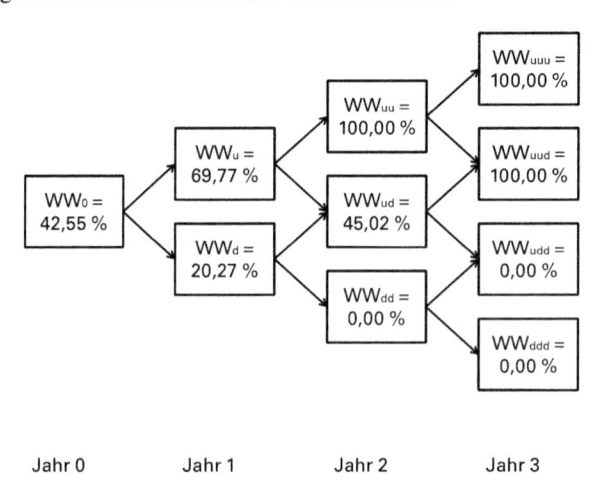

```
                                          WW_uuu =
                                          100,00 %
                        WW_uu =
                        100,00 %
           WW_u =                         WW_uud =
           69,77 %                        100,00 %
WW_0 =                  WW_ud =
42,55 %                 45,02 %
           WW_d =                         WW_udd =
           20,27 %                        0,00 %
                        WW_dd =
                        0,00 %
                                          WW_ddd =
                                          0,00 %

  Jahr 0      Jahr 1      Jahr 2      Jahr 3
```

Erfolgt die Wandlung mit einer Wahrscheinlichkeit von 100 %, ist der Diskontsatz durch den risikolosen Zinssatz von 1,5 % gegeben. Bei einer Wandlungswahrscheinlichkeit von 0 % setzt sich der risikoadäquate Diskontsatz von 4 % aus dem risikolosen Zinssatz von 1,5 % und der Kreditrisikoprämie von 2,5 % zusammen. Die Kreditrisikoprämie ist zum risikolosen Zinssatz hinzuzuzählen, weil die Anleihe nicht in Aktien umgetauscht wird und somit ein Ausfallrisiko besteht. Die risikoadäquaten Diskontsätze lauten im Drei-Perioden-Binomialbaum wie folgt:

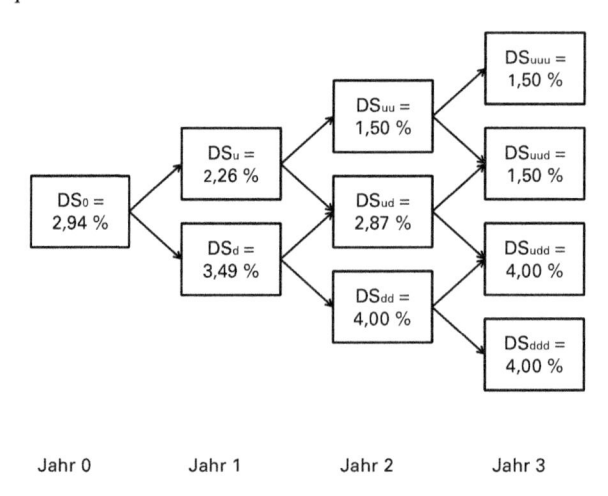

```
                                          DS_uuu =
                                          1,50 %
                        DS_uu =
                        1,50 %
           DS_u =                         DS_uud =
           2,26 %                         1,50 %
DS_0 =                  DS_ud =
2,94 %                  2,87 %
           DS_d =                         DS_udd =
           3,49 %                         4,00 %
                        DS_dd =
                        4,00 %
                                          DS_ddd =
                                          4,00 %

  Jahr 0      Jahr 1      Jahr 2      Jahr 3
```

Um den Preis der Wandelanleihe mithilfe der Rückwärtsinduktion zu berechnen, ist an jedem Knotenpunkt die Summe der wahrscheinlichkeitsgewichteten Preise nach einer Auf- und Abwärtsbewegung mit den risikoadäquaten Diskontsätzen zu diskontieren. Zum so ermittelten Preis wird jeweils der Kupon von 25 hinzugezählt. So etwa ergibt sich für den Knotenpunkt B_{uu} ein Preis von 1774,49:

$$B_{uu} = \frac{0{,}4502 \times 2361{,}60 + 0{,}5498 \times 1296}{(1{,}015)^1} + 25 = 1774{,}49 \ .$$

Der Preis der Wandelanleihe beläuft sich auf EUR 1185,62 bzw. auf 118,562 %:

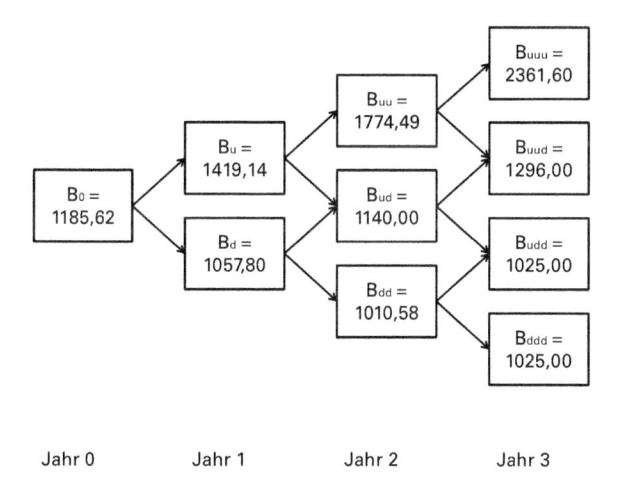

```
                                                              B_uuu =
                                                              2361,60
                                         B_uu =
                                         1774,49
                      B_u =                              B_uud =
                      1419,14                            1296,00
B_0 =                                    B_ud =
1185,62                                  1140,00
                      B_d =                              B_udd =
                      1057,80                            1025,00
                                         B_dd =
                                         1010,58
                                                              B_ddd =
                                                              1025,00
```

Jahr 0   Jahr 1   Jahr 2   Jahr 3

b) Das Delta von 0,618 kann am Knotenpunkt 0 wie folgt berechnet werden:

$$\text{Delta}_0 = \frac{1419{,}14 - 1057{,}80}{1296 - 711{,}20} = 0{,}618 \ .$$

Um das Gamma am Knotenpunkt 0 zu bestimmen, sind zunächst die Deltas nach einer Auf- und Abwärtsbewegung zu ermitteln:

$$\text{Delta}_u = \frac{1774{,}49 - 1140}{1749{,}20 - 960} = 0{,}804 \ ,$$

$$\text{Delta}_d = \frac{1140 - 1010{,}58}{960 - 526{,}80} = 0{,}299 \ .$$

Das Gamma von 0,00086 ergibt sich aus der Veränderung des Deltas dividiert durch die Änderung des Conversion Value:

$$\text{Gamma}_0 = \frac{0{,}804 - 0{,}299}{1296 - 711{,}20} = 0{,}00086 \ .$$

Finanzderivate und Risikomanagement

Lösungen zu Kapitel 12 „Finanzderivate: Grundlagen"

Aufgabe 1

Das Wachstum der Derivatemärkte kann wie folgt erklärt werden:

- Vollständigkeit der Finanzmärkte: Mit Derivaten können gewünschte Risikopositionen erstellt werden, die ansonsten nicht möglich wären. Somit helfen sie, die Finanzmärkte zu vervollständigen.
- Spekulation: Mit Derivaten kann man an den Preisbewegungen des zugrundeliegenden Basiswerts teilnehmen, ohne diesen kaufen oder verkaufen zu müssen. Dabei hängen die Long- und Short-Derivate-Positionen von den Preiserwartungen des Referenzwerts ab.
- Risikomanagement: Mit Derivaten lassen sich Preisänderungsrisiken von Risikopositionen absichern.
- Effizienter Handel: Die Marktliquidität ist bei Derivaten verglichen mit den zugrundeliegenden Basiswerten oftmals höher, was niedrigere Transaktionskosten zur Folge hat.

Aufgabe 2

a) Hierbei handelt es sich um einen Bestands-Hedge. Mit einer Long-Aktienposition erleidet man bei einem Preisrückgang einen Verlust, der mit einem Short Forward aufgefangen werden kann. Insgesamt sind 10 Short-Forward-Kontrakte auf die Aktie der Deutschen Bank AG erforderlich.

b) Bei einem Aktienkurs von EUR 35 in 6 Monaten lässt sich der Gewinn der Gesamtposition wie folgt berechnen:

Gewinn Long-Aktien	EUR 6500
Verlust Short Forward [$-10 \times$ (EUR 35 − EUR 28,55) $\times$ 100]	−EUR 6450
Nettogewinn der Gesamtposition	= EUR 50

Der Gewinn aus der Absicherungsstrategie von EUR 50 entspricht einer annualisierten Rendite von 0,35 % $\left[= \left(1 + \frac{\text{EUR } 50}{1000 \times \text{EUR } 28{,}50}\right)^2 - 1 \right]$ und ist somit gleich hoch wie der risikolose Zinssatz.

Liegt der Aktienkurs in 6 Monaten bei EUR 20, resultiert daraus wiederum ein Gewinn von EUR 50 für die Gesamtposition:

Verlust Long-Aktien	−EUR 8500
Gewinn Short Forward [−10 × (EUR 20 − EUR 28,55) × 100]	+EUR 8550
Nettogewinn der Gesamtposition	= EUR 50

Der Gewinn der Absicherungsstrategie von EUR 50 führt zu einer annualisierten Rendite von 0,35 %, der gleich hoch wie der risikolose Zinssatz ist. Bei einem Bestands-Hedge mit Forwards erzielt man als Rendite den risikolosen Zinssatz.

Aufgabe 3

a) Für den geplanten Aktienkauf besteht das Verlustrisiko aus steigenden Kursen, da in 3 Monaten für die Daimler-Aktie mehr als der heutige Preis von EUR 83 zu bezahlen ist. Um dieses Risiko abzusichern, ist eine Long-Forward-Position erforderlich, die bei steigenden Preisen des Basiswerts einen Gewinn abwirft. Der Gewinn der Derivateposition ermöglicht es, die Aktie zu einem späteren Zeitpunkt zu den heutigen Kosten von EUR 83 zu kaufen. Fällt hingegen der Aktienpreis in den nächsten 3 Monaten, resultiert bei der Long-Forward-Position ein Verlust. Wird die Automobilaktie zu einem niedrigeren Preis gekauft, erhöhen sich die Kosten um den Verlust des Derivats, sodass die Ausgaben wiederum dem heutigen Aktienpreis von EUR 83 entsprechen.

b) Bei einem Aktienkurs von EUR 90 in 3 Monaten ergeben sich folgende Nettokosten für den Aktienkauf:

Kosten Aktienkauf (2000 × EUR 90)	EUR 180.000
Gewinn Long Forward [20 × (EUR 90 − EUR 83,05) × 100]	−EUR 13.900
Nettokosten Aktienkauf	= EUR 166.100

Im Vergleich zum heutigen Aktienkurs von EUR 83 entstehen aus diesem antizipativen Hedge Mehrkosten von EUR 100 (= EUR 166.100 − 2000 × EUR 83). Somit beträgt der annualisierte Kostensatz 0,24 % $\left[= \left(1 + \frac{\text{EUR } 100}{2000 \times \text{EUR } 83}\right)^4 - 1 \right]$, der dem risikolosen Zinssatz entspricht.

Liegt der Aktienkurs in 3 Monaten bei EUR 75, lassen sich die Nettokosten für den Aktienkauf wie folgt ermitteln:

Kosten Aktienkauf (2000 × EUR 75)	EUR 150.000
Verlust Long Forward [20 × (EUR 75 − EUR 83,05) × 100]	+EUR 16.100
Nettokosten Aktienkauf	= EUR 166.100

11 Lösungen zu Kapitel 12 „Finanzderivate: Grundlagen"

Demnach resultieren die gleichen Nettokosten für den Aktienkauf wie bei einem Kurs von EUR 90 in 3 Monaten. Der Kostensatz des antizipativen Hedge liegt bei 0,24 % und ist somit gleich hoch wie der risikolose Zinssatz.

Aufgabe 4

a) Die Swap-Zinszahlungen können folgendermaßen bestimmt werden:

$$\text{Zinsen feste Seite} = \text{EUR } 50.000.000 \times 0{,}02 \times \left(\frac{184 \text{ Tage}}{365 \text{ Tage}}\right)$$
$$= \text{EUR } 504.109{,}59\,,$$
$$\text{Zinsen variable Seite} = \text{EUR } 50.000.000 \times 0{,}018 \times \left(\frac{184 \text{ Tage}}{360 \text{ Tage}}\right)$$
$$= \text{EUR } 460.000\,.$$

Folglich muss Vega AG am Ende der ersten Zinsperiode EUR 44.109,59 (= EUR 504.109,59 − EUR 460.000) der Gegenpartei des Zinssatzswaps überweisen.

b) Die jährlichen Nettozinskosten können wie folgt ermittelt werden:

Zinskosten der variablen Anleihe	EUR 50 Mio. × (LIBOR + 0,01)
Zahlung der festen Swapseite	+EUR 1 Mio.
Erhalt der variablen Swapseite	−EUR 50 Mio. × LIBOR
Jährliche Nettozinskosten	= EUR 1,5 Mio.

Für die nächsten 5 Jahre bezahlt die Vega AG unabhängig von der zukünftigen Zinsentwicklung jedes Jahr EUR 1,5 Mio. Demzufolge hat das Unternehmen mithilfe des Payer Swaps die variable in eine feste Anleiheposition umgewandelt.

Aufgabe 5

Die Cashflows des Währungsswaps können wie folgt aufgeführt werden:

- Zu Beginn des Swaps: Die Delta AG erhält von der Gegenpartei des Swaps GBP 100 Mio. und überweist im Gegenzug EUR 140 Mio.
- Während der Laufzeit des Swaps: Alle 6 Monate finden bis zum Laufzeitende des Swaps die festen Zinszahlungen statt. Delta entrichtet der Gegenpartei eine Zinszahlung von GBP 1,25 Mio. [= GBP 100 Mio. × 0,025 × (180 Tage/360 Tage)]. Demgegenüber bezahlt die Gegenpartei des Swaps der Delta AG EUR 1,4 Mio. an Zinsen [= EUR 140 Mio. × 0,02 × (180 Tage/360 Tage)]. Die Zinszahlungen werden gegenseitig nicht verrechnet, da sie auf unterschiedliche Währungen lauten.
- Ende der Laufzeit des Swaps: Die Nominalbeträge werden zurückgetauscht. Delta überweist der Gegenpartei GBP 100 Mio. und erhält im Gegenzug EUR 140 Mio. von ihr.

Aufgabe 6

Für den 12. Januar 2015 sind zunächst die Renditen auf die beiden Aktienindizes auszurechnen:

$$\text{Rendite DAX} = \frac{9782}{9667} - 1 = 1{,}19\,\%\,,$$

$$\text{Rendite SDAX} = \frac{7226}{7279} - 1 = -0{,}73\,\%\,.$$

Am 12. Januar 2015 muss der Vermögensverwalter der Investmentbank EUR 0,384 Mio. bezahlen:

$$0{,}0119 \times \text{EUR 20 Mio.} - (-0{,}0073 \times \text{EUR 20 Mio.}) = \text{EUR 0{,}384 Mio}\,.$$

Die Renditen der beiden Aktienindizes können für den 10. Juli 2015 wie folgt ermittelt werden:

$$\text{Rendite DAX} = \frac{11.316}{9782} - 1 = 15{,}68\,\%\,,$$

$$\text{Rendite SDAX} = \frac{8761}{7226} - 1 = 21{,}24\,\%\,.$$

Am 10. Juli 2015 muss die Investmentbank dem Vermögensverwalter EUR 1,112 Mio. überweisen:

$$0{,}2124 \times \text{EUR 20 Mio.} - (0{,}1568 \times \text{EUR 20 Mio.}) = \text{EUR 1{,}112 Mio.}$$

Aufgabe 7

a) Bei einem DAX-Stand von 11.800 Punkten verfällt die Put-Option aus dem Geld und wird nicht ausgeübt. Der Verlust der Long-Put-Position entspricht der bezahlten Optionsprämie von EUR 3250,50 ($= 650{,}10 \times$ EUR 5) und kann folgendermaßen ermittelt werden:

$$\begin{aligned}\text{Verlust} &= \text{Max}(\text{EUR 0, EUR 56.500} - \text{EUR 59.000}) - \text{EUR 3250{,}50}\\&= -\text{EUR 3250{,}50}\,.\end{aligned}$$

Liegt der DAX bei 10.300 Punkten, endet die Put-Option im Geld und wird ausgeübt. Der Gewinn von EUR 1749,50 kann wie folgt bestimmt werden:

$$\begin{aligned}\text{Gewinn} &= \text{Max}(\text{EUR 0, EUR 56.500} - \text{EUR 51.500}) - \text{EUR 3250{,}50}\\&= \text{EUR 1749{,}50}\,.\end{aligned}$$

b) Bei einem DAX-Stand von 11.800 Punkten wird die Put-Option nicht ausgeübt, sodass die erhaltene Optionsprämie von EUR 3250,50 dem Gewinn der Short-Put-Position entspricht:

$$\begin{aligned}\text{Gewinn} &= -\text{Max}(\text{EUR 0, EUR 56.500} - \text{EUR 59.000}) + \text{EUR 3250{,}50}\\&= \text{EUR 3250{,}50}\,.\end{aligned}$$

Liegt der DAX bei 10.300 Punkten, endet die Put-Option im Geld und wird ausgeübt. Für den Stillhalter (Short Put) ergibt sich ein Verlust von EUR 1749,50:

$$\text{Verlust} = -\text{Max}(\text{EUR } 0, \text{EUR } 56.500 - \text{EUR } 51.500) + \text{EUR } 3250,50$$
$$= -\text{EUR } 1749,50 \,.$$

c) Der maximale Gewinn der Long-Put-Option ist auf den Ausübungspreis abzüglich der bezahlten Optionsprämie beschränkt:

$$\text{Maximaler Gewinn der Long-Put-Position} = (11.300 - 650,10) \times \text{EUR } 5$$
$$= \text{EUR } 53.249,50 \,.$$

Der maximale Verlust hingegen ist auf die bezahlte Optionsprämie von EUR 3250,50 begrenzt.

d) Der Breakeven-Stand des DAX beträgt 10.649,90 Punkte und kann aus der Differenz zwischen dem Ausübungspreis und der Optionsprämie wie folgt berechnet werden:

$$\text{Breakeven-Stand DAX} = 11.300 \text{ Punkte} - 650,10 \text{ Punkte} = 10.649,90 \text{ Punkte} \,.$$

Fällt der DAX unter 10.649,90 Punkte, beginnt der Gewinnbereich für die Long-Put-Position. Überschreitet hingegen der DAX 10.649,90 Punkte, gelangt der Stillhalter (Short Put) in die Gewinnzone.

Aufgabe 8

Die Premium-Margin des SMI-Puts ergibt sich aus der Multiplikation des Abrechnungspreises mit dem Kontraktwert:

$$\text{Premium-Margin} = 338 \times \text{CHF } 10 = \text{CHF } 3380 \,.$$

Die Additional Margins für den Käufer und Verkäufer der Put-Option können wie folgt ermittelt werden:

$$\text{Additional Margin Käufer} = 107 \times \text{CHF } 10 = \text{CHF } 1070 \,,$$
$$\text{Additional Margin Verkäufer} = 759 \times \text{CHF } 10 = \text{CHF } 7590 \,.$$

Käufer		Verkäufer	
Premium Margin	+ CHF 3380	Premium Margin	− CHF 3380
Additional Margin	− CHF 1070	Additional Margin	− CHF 7590
Gesamt-Margin	CHF 2310	Gesamt-Margin	− CHF 10.970

Aufgabe 9

a) Zuerst sind die Verrechnung und das Spreading der CONF-Futures-Kontrakte durchzuführen:

Verrechnung von CONF-Futures-Kontrakten

Kontrakte	Long-Position	Short-Position	Netto-Position
September	100	150	− 50 Short
Dezember	140	60	80 Long
März	20	80	− 60 Short

Spreading von CONF-Futures-Kontrakten

Kontrakte	Sept./Dez.-Spread	Sept./März-Spread	Dez./März-Spread	Verbleibende Non-Spread-Positionen
September	− 50 Short			0
Dezember	50 Long		30 Long	0
März			− 30 Short	30 Short

Die Gesamt-Margin lässt sich wie folgt ermitteln:

Spread Margin			
Spreads	Spread-Position	Spread-Margin-Satz	Spread Margin
Sept./Dez.-Spread	50	CHF 305	CHF 15.250
Sept./März-Spread	0	CHF 305	CHF 0
Dez./März-Spread	30	CHF 305	CHF 9150
Gesamt-Spread-Margin			CHF 24.400
Additional Margin			
Non Spreads	Non-Spread-Position	Additional-Margin-Satz	Additional Margin
September	0	CHF 2060	CHF 0
Dezember	0	CHF 2060	CHF 0
März	30 Short	CHF 2060	CHF 61.800
Gesamt-Additional-Margin			CHF 61.800
Gesamt-Margin			CHF 86.200

b) Für die Berechnung der Spread Margin ist für die September-Kontrakte der höhere Spot-Month-Spread-Satz von CHF 920 anzuwenden, was eine höhere Gesamt-Margin von CHF 116.950 zur Folge hat:

Spread Margin			
Spreads	Spread-Position	Spread-Margin-Satz	Spread Margin
Sept./Dez.-Spread	50	CHF 920	CHF 46.000
Sept./März-Spread	0	CHF 920	CHF 0
Dez./März-Spread	30	CHF 305	CHF 9150
Gesamt-Spread-Margin			CHF 55.150
Additional Margin			
Non Spreads	Non-Spread-Position	Additional-Margin-Satz	Additional Margin
September	0	CHF 2060	CHF 0
Dezember	0	CHF 2060	CHF 0
März	30 Short	CHF 2060	CHF 61.800
Gesamt-Additional-Margin			CHF 61.800
Gesamt-Margin			CHF 116.950

c) Um die Variation Margin zu berechnen, sind ausschließlich die Netto-Futures-Positionen relevant, da sich Gewinne und Verluste bei Long- und Short-Futures mit gleichem Fälligkeitsmonat gegenseitig aufheben. Die negative Variation Margin von CHF 28.800 lässt sich wie folgt bestimmen:

$$[-50 \times (1{,}6379 - 1{,}6283) + 80 \times (1{,}6669 - 1{,}6573) - 60 \times (1{,}6669 - 1{,}6573)]$$
$$\times \text{CHF } 100.000 = -\text{CHF } 28.800 \,.$$

Hierbei handelt es sich um den Verlust vom 7. Juli 2015, der dem Margen-Konto belastet wird.

Lösungen zu Kapitel 13 „Forwards und Futures"

Aufgabe 1

a) Der Gold-Future-Preis von EUR 1016,21 lässt sich folgendermaßen berechnen:

$$F_0 = \text{EUR } 1014 \times (1 + 0{,}00091 + 0{,}002)^{9/12} = \text{EUR } 1016{,}21 \;.$$

b) Die Nicht-Arbitragepreisspanne wird durch eine Preisobergrenze und -untergrenze definiert. Um die Preisobergrenze zu bestimmen, sind die Transaktionskosten von 1 %, der Geldaufnahmesatz von 0,094 % und die Haltungskosten von 0,2 % der Cash-and-Carry-Arbitrage in das Cost-of-Carry-Modell einzubinden. Eine Cash-and-Carry-Arbitrage findet statt, wenn der Future-Preis überbewertet ist. Hierzu wird der Future verkauft und der Basiswert gekauft. Die Preisobergrenze von EUR 1026,40 lässt sich wie folgt ermitteln:

$$F_0 \leq \text{EUR } 1014 \times 1{,}01 \times (1 + 0{,}00094 + 0{,}002)^{9/12} = \text{EUR } 1026{,}40 \;.$$

Die Preisuntergrenze wird durch die Reverse-Cash-and-Carry-Arbitrage festgelegt, bei der der unterbewertete Future gekauft und der Basiswert leer verkauft wird. Der Geldanteil aus dem Leerverkauf liegt bei 75 %, der zum EURIBOR-Satz von 0,088 % angelegt werden kann. Somit beträgt die Preisuntergrenze EUR 1005,86:

$$\begin{aligned}F_0 &\geq \text{EUR } 1014 \times (1 - 0{,}01) \times (1 + 0{,}75 \times 0{,}00088 + 0{,}002)^{9/12} \\ &= \text{EUR } 1005{,}86 \;.\end{aligned}$$

Die Nicht-Arbitragepreisspanne liegt demnach zwischen EUR 1026,40 und EUR 1005,86. Befindet sich der Gold-Future-Preis innerhalb dieser Bandbreite, erfolgt in unvollkommenen Märkten keine Preiskorrektur.

Aufgabe 2

a) Anhand des Cost-of-Carry-Modells ergibt sich ein Gold-Future-Preis von EUR 1103,31:

$$F_0 = \text{EUR } 1100 \times (1 + 0{,}00202 + 0{,}002)^{9/12} = \text{EUR } 1103{,}31\,.$$

Da der Marktpreis des Gold-Futures von EUR 1108 den Modellpreis von EUR 1103,31 überschreitet, ist der Future überbewertet. Mithilfe der Cash-and-Carry-Arbitrage lässt sich ein risikoloser Gewinn von EUR 4,69 erzielen:

Datum	Arbitragetransaktionen	Geldeingang	Geldausgang
t = 0: Ende Januar 2015	Short-Gold-Future Kreditaufnahme zu 0,202 % Kauf einer Feinunze Gold	EUR 1100,00	EUR 1100,00
T = 9 Monate: Ende Oktober 2015	Verkauf einer Feinunze Gold zum Terminpreis über den Short-Gold-Future Rückzahlung Kredit[a] Haltungskosten für eine Feinunze Gold[b]	EUR 1108,00	EUR 1101,66 EUR 1,65
Arbitragegewinn: EUR 4,69			

[a] EUR $1100 \times (1{,}00202)^{9/12}$
[b] EUR $1100 \times (1{,}002)^{9/12}$ − EUR 1100

Der Modellpreis von EUR 1103,31 überschreitet den gehandelten Future-Preis von EUR 1101. Demnach ist der Future-Kontrakt unterbewertet, sodass der Future gekauft und der Basiswert leer verkauft wird. Aus dieser Reverse-Cash-and-Carry-Arbitrage resultiert ein risikoloser Arbitragegewinn von EUR 2,31:

Datum	Arbitragetransaktionen	Geldeingang	Geldausgang
t = 0: Ende Januar 2015	Long-Gold-Future Leerverkauf einer Feinunze Gold Kreditausleihe des Betrags aus dem Goldleerverkauf zu 0,202 %	EUR 1100,00	EUR 1100,00
T = 9 Monate: Ende Oktober 2015	Kauf einer Feinunze Gold zum Terminpreis über den Long-Gold-Future Rückzahlung aus der Kreditausleihe[a] Haltungskosten aus dem Leerverkauf[b]	EUR 1101,66 EUR 1,65	EUR 1101,00
Arbitragegewinn: EUR 2,31			

[a] EUR $1100 \times (1{,}00202)^{9/12}$
[b] EUR $1100 \times (1{,}002)^{9/12}$ − EUR 1100

Aufgabe 3

a) Der Preis des Forward-Kontrakts auf die Automobilaktie lässt sich wie folgt bestimmen:

$$F_0 = \left(\text{EUR } 72{,}18 - \frac{\text{EUR } 2{,}60}{(1{,}00091)^{255/360}} \right) \times (1{,}00091)^{270/360} = \text{EUR } 69{,}63 \;.$$

b) Um den Wert des Termingeschäfts zu eruieren, ist zunächst der Terminpreis nach 150 Tagen zu ermitteln:

$$F_t = \left(\text{EUR } 76 - \frac{\text{EUR } 2{,}60}{(1{,}00125)^{105/360}} \right) \times (1{,}00125)^{120/360} = \text{EUR } 73{,}43 \;.$$

Die Werte der Long- und Short-Forwards-Kontrakte können folgendermaßen berechnet werden:

$$V_{t,\,\text{Long}} = \frac{\text{EUR } 73{,}43 - \text{EUR } 69{,}63}{(1{,}00125)^{120/360}} = \text{EUR } 3{,}80 \;,$$

$$V_{t,\,\text{Short}} = -\left(\frac{\text{EUR } 73{,}43 - \text{EUR } 69{,}63}{(1{,}00125)^{120/360}} \right) = -\text{EUR } 3{,}80 \;.$$

Der Wert der Long-Position reflektiert einen nicht-realisierten Gewinn von EUR 3,80, während die Short-Position einen nicht-realisierten Verlust von EUR 3,80 aufweist.

Aufgabe 4

a) Die Stückzinsen von 0,396 % können wie folgt bestimmt werden:

$$\text{SZ} = 2\,\% \times \left(\frac{36 \text{ Tage}}{182 \text{ Tage}} \right) = 0{,}396\,\%.$$

Der Kaufpreis der festverzinslichen Anleihe von 96,85 % besteht aus dem gehandelten Anleihepreis von 96,454 % und den Stückzinsen von 0,396 %:

$$B_0 = 96{,}454\,\% + 0{,}396\,\% = 96{,}85\,\% \;.$$

Die nächsten beiden Kuponzahlungen von jeweils 2 % fallen in 146 Tagen und in 329 Tagen (= 365 Tage − 36 Tage) an. Der Barwert der beiden Kuponzahlungen beträgt 3,974 %:

$$\text{BW (K)}_0 = \frac{2\,\%}{(1{,}01)^{146/360}} + \frac{2\,\%}{(1{,}01)^{329/360}} = 3{,}974\,\% \;.$$

Zum Fälligkeitszeitpunkt des Forward-Kontrakts bestehen seit der letzten Kuponzahlung aufgelaufene Stückzinsen von 0,393 % [= 2 % × (36 Tage/183 Tage)]. Anhand des Cost-of-Carry-Modells ergibt sich ein Terminpreis von 93,425 %:

$$F_0 = (96{,}85\,\% - 3{,}974\,\%) \times (1{,}01)^{365/360} - 0{,}393\,\% = 93{,}425\,\%.$$

Der Käufer (Verkäufer) verpflichtet sich, die festverzinsliche Anleihe in 1 Jahr zu einem Preis von EUR 934.250 (= 0,93425 × EUR 1.000.000) zu kaufen (zu verkaufen).

b) Um den Terminpreis in 170 Tagen zu berechnen, ist zunächst der Kassapreis inklusive Stückzinsen zu ermitteln. Die letzte Kuponauszahlung ist vor 24 Tagen (= 170 Tage − 146 Tage) erfolgt. Somit belaufen sich die Stückzinsen auf 0,262 %:

$$SZ = 2\,\% \times \left(\frac{24\ \text{Tage}}{183\ \text{Tage}}\right) = 0{,}262\,\%.$$

Der Kassapreis der Anleihe inklusive Stückzinsen liegt bei 97,39 %:

$$B_t = 97{,}128\,\% + 0{,}262\,\% = 97{,}39\,\%.$$

Der Barwert der nächsten Kuponzahlung in 159 Tagen (= 183 Tage − 24 Tage) lässt sich wie folgt bestimmen:

$$BW\,(K)_t = \frac{2\,\%}{(1{,}009)^{159/360}} = 1{,}992\,\%.$$

Am Fälligkeitstag des Forward-Kontrakts betragen die aufgelaufenen Stückzinsen 0,393 % [= 2 % × (36 Tage/183 Tage)]. Die Restlaufzeit des Termingeschäfts liegt bei 195 Tagen (= 365 Tage − 170 Tage). Der Terminpreis lässt sich mit dem Cost-of-Carry-Modell folgendermaßen ermitteln:

$$F_t = (97{,}39\,\% - 1{,}992\,\%) \times (1{,}009)^{195/360} - 0{,}393\,\% = 95{,}469\,\%.$$

Der Wert des Forward-Kontrakts kann für den Käufer und den Verkäufer wie folgt berechnet werden:

$$V_{t,\,Long} = \frac{(0{,}95469 - 0{,}93425) \times EUR\ 1.000.000}{(1{,}009)^{195/360}} = EUR\ 20.341{,}04.$$

$$V_{t,\,Short} = \frac{-(0{,}95469 - 0{,}93425) \times EUR\ 1.000.000}{(1{,}009)^{195/360}} = -EUR\ 20.341{,}04.$$

Aufgabe 5

a) Der Gewinn des Short FRA liegt bei 0,171 % [= −(0,104 % − 0,275 %)]. Die Zinsperiode dauert vom 2. März 2016 bis 2. September 2016 und umfasst somit

184 Tage. Der Gewinn am Ende der Gesamtlaufzeit des FRA von EUR 4370 lässt sich wie folgt berechnen:

$$\text{Gewinn am Ende der Gesamtlaufzeit} = 0{,}00171 \times \frac{184 \text{ Tage}}{360 \text{ Tage}} \times \text{EUR } 5.000.000 = \text{EUR } 4370 \,.$$

Die Ausgleichszahlung erfolgt am Fälligkeitstag des FRA. Daher ist der Gewinn von EUR 4370 mit dem 6-monatigen EURIBOR-Satz von 0,104 % zu diskontieren:

$$\text{Ausbezahlter Gewinn} = \frac{\text{EUR } 4370}{\left(1 + 0{,}00104 \times \frac{184 \text{ Tage}}{360 \text{ Tage}}\right)} = \text{EUR } 4367{,}68 \,.$$

b) Der EURIBOR-Terminzinssatz kann über das Arbitragekonzept hergeleitet werden. Entweder kann man Geld über 12 Monate mit dem 12-monatigen EURIBOR-Satz von 0,161 % oder über 6 Monate mit dem aktuellen 6-monatigen EURIBOR-Satz von 0,04 % und anschließend zum 6-monatigen EURIBOR-Terminzinssatz anlegen. Da der Wert der beiden Anlagestrategien gleich groß sein muss, ergibt sich folgende Gleichung:

$$\left(1 + 0{,}00161 \times \frac{366 \text{ Tage}}{360 \text{ Tage}}\right) = \left(1 + 0{,}0004 \times \frac{182 \text{ Tage}}{360 \text{ Tage}}\right) \times \left(1 + \text{FR}_0 \times \frac{184 \text{ Tage}}{360 \text{ Tage}}\right) \,.$$

Wird die Gleichung nach FR_0 aufgelöst, erhält man einen Terminzinssatz bei einem 6-gegen-12-FRA von 0,281 %:

$$\text{FR}_0 = \left[\frac{\left(1 + 0{,}00161 \times \frac{366 \text{ Tage}}{360 \text{ Tage}}\right)}{\left(1 + 0{,}0004 \times \frac{182 \text{ Tage}}{360 \text{ Tage}}\right)} - 1\right] \times \left(\frac{360 \text{ Tage}}{184 \text{ Tage}}\right) = 0{,}00281 \,.$$

c) Zunächst ist der 6-monatige EURIBOR-Terminzinssatz nach 3 Monaten zu bestimmen:

$$\text{FR}_t = \left[\frac{\left(1 + 0{,}00134 \times \frac{275 \text{ Tage}}{360 \text{ Tage}}\right)}{\left(1 + 0{,}00062 \times \frac{91 \text{ Tage}}{360 \text{ Tage}}\right)} - 1\right] \times \left(\frac{360 \text{ Tage}}{184 \text{ Tage}}\right) = 0{,}00170 \,.$$

Da der Terminzinssatz von 0,17 % den Terminzinssatz bei Vertragsabschluss von 0,275 % unterschreitet, resultiert daraus ein Gewinn auf der Short-FRA-Position von EUR 2683,33:

$$-(0{,}0017 - 0{,}00275) \times \left(\frac{184 \text{ Tage}}{360 \text{ Tage}}\right) \times \text{EUR } 5.000.000 = \text{EUR } 2683{,}33 \,.$$

Folglich beläuft sich der Wert des Short-6-gegen-12-FRA nach 3 Monaten auf EUR 2680,59:

$$V_{t,\text{Short}} = \frac{\text{EUR } 2683{,}33}{1 + 0{,}00134 \times \left(\frac{275 \text{ Tage}}{360 \text{ Tage}}\right)} = \text{EUR } 2680{,}59\,.$$

Aufgabe 6

Die Lieferkosten der einzelnen Bundeswertpapiere können wie folgt berechnet werden:

Anleihe 1: $99{,}930\,\% - (130{,}20\,\% \times 0{,}764831) = 0{,}349\,\%$,

Anleihe 2: $114{,}365\,\% - (130{,}20\,\% \times 0{,}877565) = 0{,}106\,\%$,

Anleihe 3: $111{,}000\,\% - (130{,}20\,\% \times 0{,}842472) = 1{,}310\,\%$,

Anleihe 4: $100{,}870\,\% - (130{,}20\,\% \times 0{,}753648) = 2{,}745\,\%$,

Anleihe 5: $112{,}840\,\% - (130{,}20\,\% \times 0{,}844411) = 2{,}898\,\%$.

Die CTD-Bundesanleihe ist Anleihe 2.

Aufgabe 7

Die letzte Kuponzahlung von 3 % hat am 4. Juli 2015 stattgefunden. Somit können die Stückzinsen am Valutatag 28. August 2015 wie folgt bestimmt werden:[1]

$$SZ = 3\,\% \times \left(\frac{55 \text{ Tage}}{366 \text{ Tage}}\right) = 0{,}451\,\%.$$

Der Kassapreis bzw. der Full-Preis der Bundesanleihe von 114,816 % besteht aus dem gehandelten Anleihepreis von 114,365 % und den aufgelaufenen Stückzinsen von 0,451 %. Die Stückzinsen zwischen dem letzten Kupontag 4. Juli 2015 und dem Liefertag (Fälligkeitstag) des Euro-Bobl-Futures 10. Dezember 2015 belaufen sich auf 1,303 % [= 3 % × (159 Tage/366 Tage)]. Der Euro-Bobl-Future-Preis von 129,358 % lässt sich folgendermaßen ermitteln:

$$F_t = \frac{1}{0{,}877565} \times \left[114{,}816\,\% \times (1{,}0002)^{104/360} - 1{,}303\,\%\right] = 129{,}358\,\%\,.$$

Aufgabe 8

1. Aussage ist falsch. Das Zinsänderungsrisiko von variabel verzinslichen Krediten ist mit Forward Rate Agreements zu steuern, da Geldmarkt-Futures standardisierte Kontraktlaufzeiten und eine vorgegebene Terminzinssatzdauer aufweisen. So etwa gibt es bei den 3-Monats-EURIBOR-Futures lediglich Laufzeiten bis zu 72

---

[1] Das Jahr 2016 war ein Schaltjahr.

Monaten und der EURIBOR-Terminzinssatz hat eine vorgegebene Dauer ab Fälligkeitszeitpunkt des Futures von 3 Monaten. Sind bei einem variabel verzinslichen Kredit die Zinsperioden länger oder kürzer als 3 Monate, ist die Absicherung mit EURIBOR-Futures nicht effektiv. Im Gegensatz dazu können FRAs individuell ausgestaltet und so den Hedge-Erfordernissen angepasst werden.

2. Aussage ist falsch. Das Risiko von fallenden Zinsen lässt sich mit einem Short FRA verhindern. Gehen die Zinsen zurück, resultiert aus dem Short FRA ein Gewinn, der die sinkenden Zinseinnahmen einer geplanten Kreditvergabe kompensiert.
3. Aussage ist falsch. Das Zinsänderungsrisiko eines Long-Anleiheportfolios ergibt sich aus steigenden Zinsen. Nehmen die Zinsen zu, verringert sich der Marktwert des Portfolios. Dieser Verlust lässt sich durch den Gewinn von Short Fixed Income Futures und Long FRAs auffangen. Short FRAs hingegen führen zu einem Verlust und sind somit für eine Absicherungsstrategie gegen steigende Zinsen nicht geeignet.
4. Aussage ist richtig. Ist das Beta des Aktienportfolios positiv, haben fallende Aktienmärkte einen Rückgang des Portfoliowerts zur Folge. Dieser Verlust lässt sich durch den Gewinn der Short-Aktienindex-Future-Position auffangen.
5. Aussage ist falsch. Das Beta eines Aktienindex-Futures ergibt sich aus einer einfachen linearen Regressionsanalyse zwischen den Future-Renditen und den Aktienmarktrenditen. Die Steigung der Regressionsgeraden stellt das Beta des Aktienindex-Futures dar, das nahe bei 1 liegt.
6. Aussage ist richtig. Um die Duration eines Anleiheportfolios zu erhöhen, sind Long Fixed Income Futures erforderlich. Dabei ist in der Hedge-Formel (siehe 13.32) eine über der Portfolioduration liegende Zielduration einzusetzen. Demgegenüber lässt sich die Portfolioduration mit Short Fixed Income Futures reduzieren.
7. Aussage ist richtig. Eine solche Strategie ist nur über einen kurzen Zeitraum in Betracht zu ziehen. Langfristig ist diese Strategie nicht erstrebenswert, da lediglich der risikolose Zinssatz erwirtschaftet wird. Diese Rendite lässt sich auch mit Investitionen in risikolose Anlagen erzielen.

Aufgabe 9

a) Um das Zinsänderungsrisiko des Anleiheportfolios vollständig zu eliminieren, ist die Zielduration gleich 0 zu setzen, was zu einer Short-Euro-Bund-Future-Position von 444 Kontrakten führt:

$$N_F = \left(\frac{0 - 9{,}2}{8{,}7}\right) \times \left(\frac{\text{EUR } 50.000.000}{1{,}5474 \times \text{EUR } 100.000}\right) \times 1{,}3 = -444{,}2 \ .$$

b) Es sind insgesamt 135 Long-Euro-Bund-Futures-Kontrakte erforderlich, um die Duration des Anleiheportfolios von 9,2 auf 12 zu erhöhen:

$$N_F = \left(\frac{12 - 9{,}2}{8{,}7}\right) \times \left(\frac{\text{EUR } 50.000.000}{1{,}5474 \times \text{EUR } 100.000}\right) \times 1{,}3 = 135{,}19 \ .$$

c) Der Marktwert der Gesamtposition (Anleiheportfolio inklusive Gewinn aus den Long Fixed Income Futures) am 10. März 2016 lässt sich wie folgt ermitteln:

Marktwert des Anleiheportfolios	EUR 51.800.000
[EUR 50.000.000 × (1 + 0,036)]	
Gewinn der Long-Euro-Bund-Future-Position	+EUR 548.100
[135 × (1,5880 − 1,5474) × EUR 100.000]	
Marktwert der Gesamtposition	= EUR 52.348.100

Das ergibt eine Rendite der Gesamtposition von 4,696 %:

$$\text{Rendite} = \frac{\text{EUR } 52.348.100}{\text{EUR } 50.000.000} - 1 = 0{,}04696 .$$

Die tatsächlich erzielte Duration von 12,04 lässt sich folgendermaßen bestimmen:

$$\text{MDUR}_{\text{BP}} = -\frac{0{,}04696}{-0{,}0039} = 12{,}04 .$$

Der Portfoliomanager hat die angestrebte Duration von 12 praktisch erreicht, ohne die physische Zusammensetzung des Anleiheportfolios ändern zu müssen.

Aufgabe 10

a) Es sind insgesamt 514 Short-SMI-Futures-Kontrakte erforderlich, um das Aktienmarktpreisänderungsrisiko des Aktienportfolios vollständig zu eliminieren:

$$N_F = \left(\frac{0 - 1{,}1}{0{,}99}\right) \times \left(\frac{\text{CHF } 40.000.000}{8652 \times \text{CHF } 10}\right) = -513{,}7 .$$

b) Um das Beta des Aktienportfolios von 1,1 auf 0,4 zu senken, sind insgesamt 327 Short-SMI-Futures-Kontrakte notwendig:

$$N_F = \left(\frac{0{,}4 - 1{,}1}{0{,}99}\right) \times \left(\frac{\text{CHF } 40.000.000}{8652 \times \text{CHF } 10}\right) = -326{,}9 .$$

c) Für den 18. März 2016 lässt sich der Marktwert der Gesamtposition wie folgt berechnen:

Marktwert des Aktienportfolios	CHF 35.600.000
[CHF 40.000.000 × (1 − 0,1 × 1,1)]	
Gewinn der Short-SMI-Future-Position	+CHF 2.802.390
[−327 × (7795 − 8652) × CHF 10]	
Marktwert der Gesamtposition	= CHF 38.402.390

Die negative Rendite der Gesamtposition von 3,99 % lässt sich folgendermaßen ermitteln:

$$\text{Rendite} = \frac{\text{CHF } 38.402.390}{\text{CHF } 40.000.000} - 1 = -0{,}0399 \,.$$

Das tatsächlich erzielte Beta liegt bei 0,399:

$$\beta_S = \frac{-0{,}0399}{-0{,}10} = 0{,}399 \,.$$

Die Absicherungsstrategie im vorliegenden Beispiel ist sehr effektiv, da mit ihr das angestrebte Beta von 0,4 praktisch erreicht wurde.

Lösungen zu Kapitel 14 „Swaps"

Aufgabe 1

Vega besitzt beim festverzinslichen Kredit einen komparativen Vorteil, weil es im Vergleich zu Rho 1,2 % weniger Zinsen bezahlen muss. Demgegenüber hat Rho einen komparativen Vorteil bei der variablen Kreditaufnahme, da die Zinssatzdifferenz lediglich bei 0,6 % liegt. Der gesamte Zinsvorteil für beide Unternehmen von 0,6 % kann wie folgt berechnet werden:

$$\text{Zinsvorteil} = (4{,}2\,\% - 3{,}0\,\%) - [(\text{EURIBOR} + 0{,}2\,\%) - (\text{EURIBOR} + 0{,}8\,\%)]$$
$$= 0{,}6\,\%.$$

Um diesen Zinsvorteil ausnutzen zu können, muss sich Vega zu einem festen Zinssatz von 3 % auf dem Kreditmarkt refinanzieren und anschließend einen Receiver Swap abschließen, bei dem das Unternehmen den Swapsatz von 3,08 % erhält und den EURIBOR-Satz bezahlt. Daraus resultiert ein jährlicher Zinssatz von EURIBOR − 0,08 %, der eine Kostenersparnis von 0,28 % darstellt:

Festverzinslicher Kredit: bezahlt Zinssatz	3 %
Receiver Swap: erhält Swapsatz	−3,08 %
Receiver Swap: bezahlt EURIBOR	+EURIBOR
Nettozinssatz	= EURIBOR − 0,08 %

Rho hingegen nimmt einen variabel verzinslichen Kredit zu EURIBOR + 0,8 % auf dem Markt auf. Danach tritt das Unternehmen in einen Payer Swap ein und bezahlt einen Swapsatz von 3,12 % und erhält im Gegenzug den EURIBOR-Satz. Somit hat

Rho den variabel verzinslichen Kredit in eine festverzinsliche Schuldposition zu einem Zinssatz von 3,92 % umgewandelt, was einem Zinsvorteil von 0,28 % entspricht:

Variabel verzinslicher Kredit: bezahlt Zinssatz	EURIBOR + 0,8 %
Payer Swap: bezahlt Swapsatz	+3,12 %
Payer Swap: erhält EURIBOR	−EURIBOR
Nettozinssatz	= 3,92 %

Der Zinssatzswap wird durch die Vermittlungstätigkeit der Bank abgeschlossen, die als Market Maker einen Geld- und Briefkurs für die Swap-Sätze von 3,08 % und 3,12 % stellt. Der Zinsvorteil von 0,6 % wird unter den Vertragsparteien wie folgt aufgeteilt:

- Vega AG: 0,28 %,
- Rho AG: 0,28 %,
- Bank: 0,04 %.

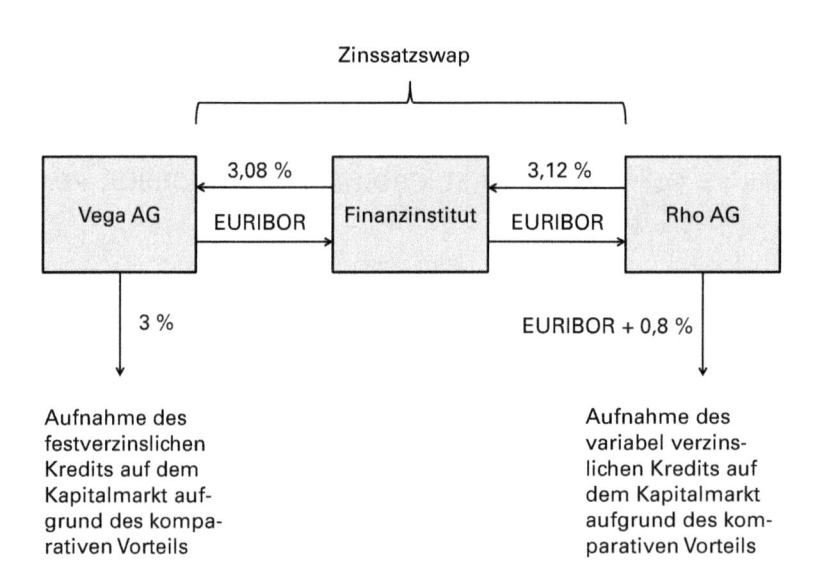

Aufgabe 2

a) Die Diskontfaktoren können wie folgt bestimmen werden:

$$DF_{6\,\text{Monate}} = \frac{1}{1 + 0{,}02 \times (6\,\text{Monate}/12\,\text{Monate})} = 0{,}9901,$$

$$DF_{12\,\text{Monate}} = \frac{1}{1 + 0{,}022 \times (12\,\text{Monate}/12\,\text{Monate})} = 0{,}9785,$$

$$DF_{18\text{ Monate}} = \frac{1}{1 + 0{,}025 \times (18\text{ Monate}/12\text{ Monate})} = 0{,}9639,$$

$$DF_{24\text{ Monate}} = \frac{1}{1 + 0{,}027 \times (24\text{ Monate}/12\text{ Monate})} = 0{,}9488,$$

$$DF_{30\text{ Monate}} = \frac{1}{1 + 0{,}029 \times (30\text{ Monate}/12\text{ Monate})} = 0{,}9324,$$

$$DF_{36\text{ Monate}} = \frac{1}{1 + 0{,}032 \times (36\text{ Monate}/12\text{ Monate})} = 0{,}9124.$$

Der halbjährliche Swapsatz liegt bei 1,53 %:

$$SS = \frac{\text{EUR } 1 - \text{EUR } 1 \times 0{,}9124}{\text{EUR } 1 \times (0{,}9901 + 0{,}9785 + 0{,}9639 + 0{,}9488 + 0{,}9324 + 0{,}9124)}$$
$$= 0{,}0153.$$

Der annualisierte Swapsatz beläuft sich auf 3,06 % ($= 2 \times 1{,}53\,\%$).

b) In einem ersten Schritt sind die folgenden Diskontfaktoren zu bestimmen:

$$DF_{4\text{ Monate}} = \frac{1}{1 + 0{,}028 \times (4\text{ Monate}/12\text{ Monate})} = 0{,}99075,$$

$$DF_{10\text{ Monate}} = \frac{1}{1 + 0{,}03 \times (10\text{ Monate}/12\text{ Monate})} = 0{,}97561,$$

$$DF_{16\text{ Monate}} = \frac{1}{1 + 0{,}035 \times (16\text{ Monate}/12\text{ Monate})} = 0{,}95541.$$

Der Preis der festverzinslichen Anleihe mit einem halbjährlichen Kupon von EUR 0,765 Mio. ($= 0{,}0153 \times$ EUR 50 Mio.) und einer Restlaufzeit von 16 Monaten kann folgendermaßen berechnet werden:

$$B_{t,\text{ fest}} = \text{EUR } 0{,}765\text{ Mio.} \times (0{,}99075 + 0{,}97561 + 0{,}95541) + \text{EUR } 50\text{ Mio.}$$
$$\times 0{,}95541 = \text{EUR } 50.005.654.$$

Der Preis der variabel verzinslichen Anleihe besteht aus dem Kupon in 4 Monaten von EUR 0,65 Mio. ($= 0{,}026/2 \times$ EUR 50 Mio.) und dem Nominalwert am nächsten Zinstermin von EUR 50 Mio., die zum Bewertungszeitpunkt zu diskontieren sind:

$$B_{t,\text{ variabel}} = (\text{EUR } 0{,}65\text{ Mio.} + \text{EUR } 50\text{ Mio.}) \times 0{,}99075 = \text{EUR } 50.181.488.$$

Die Werte des Payer Swaps und des Receiver Swaps können wie folgt bestimmt werden:

$$V_{t,\text{ Payer Swap}} = \text{EUR } 50.181.488 - \text{EUR } 50.005.654 = \text{EUR } 175.834,$$
$$V_{t,\text{ Receiver Swap}} = \text{EUR } 50.005.654 - \text{EUR } 50.181.488 = -\text{EUR } 175.834.$$

Der Payer Swap weist eine Vermögensposition von EUR 175.834 auf, weil aufgrund des Zinsanstiegs die Einnahmen auf der variablen Seite des Swaps zugenommen haben. Demgegenüber liegt beim Receiver Swap eine Schuldposition vor, die auf die höheren variablen Zinsausgaben zurückgeführt werden kann. Der Swapsatz und folglich die Einnahmen aus der festen Swapseite bleiben unverändert.

c) Die erste variable Zinszahlung in 4 Monaten beläuft sich auf EUR 650.000 (= 0,026/2 × EUR 50 Mio.). Um die folgenden variablen Zinszahlungen festzulegen, sind die Terminzinssätze zu eruieren. Beim 4-gegen-10-FRA lässt sich der Terminzinssatz von 3,104 % folgendermaßen berechnen:

$$\text{FR} = \left[\frac{\left(1 + 0{,}03 \times \frac{10\,\text{Monate}}{12\,\text{Monate}}\right)}{\left(1 + 0{,}028 \times \frac{4\,\text{Monate}}{12\,\text{Monate}}\right)} - 1\right] \times \left(\frac{12\,\text{Monate}}{6\,\text{Monate}}\right) = 0{,}03104\,.$$

Somit beträgt die variable Zinszahlung in 10 Monaten EUR 776.000 (= 0,03104/2 × EUR 50 Mio.). Der Terminzinssatz des 10-gegen-16-FRA liegt bei 4,228 %:

$$\text{FR} = \left[\frac{\left(1 + 0{,}035 \times \frac{16\,\text{Monate}}{12\,\text{Monate}}\right)}{\left(1 + 0{,}03 \times \frac{10\,\text{Monate}}{12\,\text{Monate}}\right)} - 1\right] \times \left(\frac{12\,\text{Monate}}{6\,\text{Monate}}\right) = 0{,}04228\,.$$

Die variable Zinszahlung in 16 Monaten beläuft sich auf EUR 1.057.000 (= 0,04228/2 × EUR 50 Mio.).
Die Zahlungsströme des Zinssatzswaps lassen sich wie folgt zusammenfassen:

Zinszahlungstermine	Feste Zinszahlungen	Variable Zinszahlungen	Differenz zwischen fester und variabler Zinszahlung
In 4 Monaten	EUR 765.000	EUR 650.000	EUR 115.000
In 10 Monaten	EUR 765.000	EUR 776.000	– EUR 11.000
In 16 Monaten	EUR 765.000	EUR 1.057.000	– EUR 292.000

Diskontiert man die Differenz zwischen den festen und den variablen Zinszahlungen mit den Zinssätzen aus der EURIBOR-Nullkupon-Swapsatzkurve, ergibt sich ein negativer Wert des Receiver Swaps von EUR 175.775:

$$V_{t,\,\text{Receiver Swap}} = \text{EUR } 115.000 \times 0{,}99075 - \text{EUR } 11.000 \times 0{,}97561$$
$$- \text{EUR } 292.000 \times 0{,}95541 = -\text{EUR } 175.775\,.$$

Der positive Wert des Payer Swaps von EUR 175.775 lässt sich wie folgt ermitteln:

$$V_{t,\,\text{Payer Swap}} = -\text{EUR } 115.000 \times 0{,}99075 + \text{EUR } 11.000 \times 0{,}97561$$
$$+ \text{EUR } 292.000 \times 0{,}95541 = \text{EUR } 175.775\,.$$

Der Wert des Zinssatzswaps kann entweder mit einer Kombination aus einer variabel verzinslichen und einer festverzinslichen Anleihe oder mit einer Reihe von Forward Rate Agreements bestimmen werden. Mit beiden Berechnungsmethoden gelangt man zum gleichen Swapwert. Im Beispiel liegt eine Abweichung der berechneten Swapwerte von rund 0,03 % vor, was auf Rundungsdifferenzen zurückzuführen ist.

Aufgabe 3

Zunächst sind die Diskontfaktoren festzulegen:

$$DF_{1\,Jahr} = \frac{1}{1 + 0{,}024 \times (1\,Jahr/1\,Jahr)} = 0{,}9766\,,$$

$$DF_{2\,Jahre} = \frac{1}{1 + 0{,}026 \times (2\,Jahre/1\,Jahr)} = 0{,}9506\,,$$

$$DF_{3\,Jahre} = \frac{1}{1 + 0{,}028 \times (3\,Jahre/1\,Jahr)} = 0{,}9225\,,$$

$$DF_{4\,Jahre} = \frac{1}{1 + 0{,}031 \times (4\,Jahre/1\,Jahr)} = 0{,}8897\,.$$

Der Swapsatz von 2,95 % kann wie folgt berechnet werden:

$$SS = \frac{EUR\,1 - EUR\,1 \times 0{,}8897}{EUR\,1 \times (0{,}9766 + 0{,}9506 + 0{,}9225 + 0{,}8897)} = 0{,}0295\,.$$

Um die modifizierte Duration der festverzinslichen Anleihe auszurechnen, ist die Macaulay-Duration zu bestimmen. Dabei sind der Full-Preis, die Gewichte (Barwert der periodisch anfallenden Cashflows dividiert durch den Full-Preis) und die gewichteten Zeitperioden der erwarteten Cashflows mithilfe der folgenden Tabelle zu ermitteln:

Perioden (Jahre)	Cashflows (in Mio. EUR)	Barwert der Cashflows (in Mio. EUR)	Gewichte	Periode × Gewicht
1	2,95	2,88	0,0288	0,0288
2	2,95	2,80	0,0280	0,0560
3	2,95	2,72	0,0272	0,0816
4	102,95	91,60	0,9160	3,6640
		100,000	1,0000	3,8304

Die modifizierte Duration der festverzinslichen Anleihe von 3,721 ergibt sich aus der Macaulay-Duration dividiert durch 1 plus dem Swapsatz von 2,95 %:

$$MDUR_{FA} = \frac{3{,}8304}{1 + 0{,}0295} = 3{,}721\,.$$

Die modifizierte Duration der variabel verzinslichen Anleihe von 0,977 resultiert aus der Zinsperiode von 1 Jahr dividiert durch 1 plus dem 1-jährigen EURIBOR-Satz von 2,4 %:

$$\text{MDUR}_{\text{VA}} = \frac{1}{1 + 0{,}024} = 0{,}977 \,.$$

Die modifizierten Durationen des Payer Swaps und des Receiver Swaps können wie folgt berechnet werden:

$$\text{MDUR}_{\text{Payer Swap}} = 0{,}977 - 3{,}721 = -2{,}744 \,,$$
$$\text{MDUR}_{\text{Receiver Swap}} = 3{,}721 - 0{,}977 = 2{,}744 \,.$$

Aufgabe 4

Das Zinsänderungsrisiko des Anleiheportfolios lässt sich mit einem Payer Swap absichern. Hierfür ist zunächst die modifizierte Duration des Payer Swaps festzulegen, die aus der Differenz zwischen den Durationen der variabel verzinslichen und der festverzinslichen Anleihe besteht. Die modifizierte Duration der variabel verzinslichen Schuldverschreibung von 0,495 lässt sich wie folgt ermitteln:

$$\text{MDUR}_{\text{VA}} = \frac{0{,}5}{1 + \frac{0{,}02}{2}} = 0{,}495 \,.$$

Um die modifizierte Duration der festverzinslichen Anleihe auszurechnen, ist zunächst die Macaulay-Duration festzulegen. Dabei sind der Full-Preis, die Gewichte (Barwert der periodisch anfallenden Cashflows dividiert durch den Full-Preis) und die gewichteten Zeitperioden der erwarteten Cashflows mithilfe der folgenden Tabelle zu ermitteln:

Perioden (Halbjahre)	Cashflows (in Mio. EUR)	Barwert der Cashflows (in Mio. EUR)	Gewichte	Periode × Gewicht
1	1,32	1,31	0,0131	0,0131
2	1,32	1,29	0,0129	0,0258
3	1,32	1,27	0,0127	0,0381
4	101,32	96,13	0,9613	3,8452
		100,00	1,0000	3,9222

Die modifizierte Duration auf der Basis von Halbjahresperioden ergibt sich aus der Macaulay-Duration von 3,9222 dividiert durch 1 plus dem halbjährlichen Swapsatz:

$$\text{MDUR}_{\text{FA}} = \frac{3,9222}{1 + \frac{0,0264}{2}} = 3,871 \, .$$

Auf Jahresperioden umgerechnet, resultiert daraus eine modifizierte Duration von 1,936 ($= 3,871/2$).

Die modifizierte Duration des Payer Swaps von $-1,441$ lässt sich wie folgt berechnen:

$$\text{MDUR}_{\text{Payer Swap}} = 0,495 - 1,936 = -1,441 \, .$$

Bei einer Zielduration von 0 – also einer vollständigen Absicherung des Zinsänderungsrisikos – ist ein Nominalbetrag des 2-jährigen Zinssatzswaps von EUR 150 Mio. erforderlich:

$$\text{NB} = \left(\frac{0 - 7,205}{-1,441}\right) \times \text{EUR 30 Mio.} = \text{EUR 150 Mio.}$$

Aufgabe 5

Die Alpha AG besitzt aufgrund der besseren Bonität einen Zinsvorteil bei der Geldaufnahme in Euro von 1,0 % ($= 4,5 \% - 3,5 \%$). Der absolute Zinsvorteil beim US-Dollar ist geringer und liegt bei 0,3 % ($= 4,2 \% - 3,9 \%$). Daher verfügt Alpha über einen komparativen Vorteil bei der Eurofinanzierung, während Gamma einen solchen Vorteil für die Geldaufnahme in US-Dollar hat. Beide Unternehmen können einen Währungsswap mit der Bank abschließen, um eine Kostenersparnis bei der Kapitalaufnahme zu erzielen. Insgesamt beträgt der Zinsvorteil 0,7 %:

$$\text{Zinsvorteil} = (4,5\% - 3,5\%) - (4,2\% - 3,9\%) = 0,7\% \, .$$

Von der Kostenersparnis von 0,7 % entfällt eine Kommission von 0,2 % auf die Bank, die als Vermittlerin fungiert. Die verbleibenden 0,5 % werden zu gleichen Anteilen von je 0,25 % auf Alpha und Beta verteilt. Das führt zu einem Währungsswap, bei dem Alpha den festen Zinssatz von 3,5 % in Euro erhält und einen festen Zinssatz von 3,65 % in US-Dollar bezahlt. Im Vergleich zu einer direkten USD-Kreditaufnahme resultiert daraus eine Kostenersparnis von 0,25 % ($= 3,9\% - 3,65\%$). Demgegenüber erhält Beta aus dem Währungsswap einen festen USD-Zinssatz von 4,2 % und entrichtet einen EUR-Zinssatz von 4,25 %. Die Kostenersparnis im Vergleich zu einer direkten Geldaufnahme in Euro liegt ebenfalls bei 0,25 % ($= 4,5\% - 4,25\%$). Die folgende Abbildung visualisiert die Ausgestaltung des Währungsswaps.

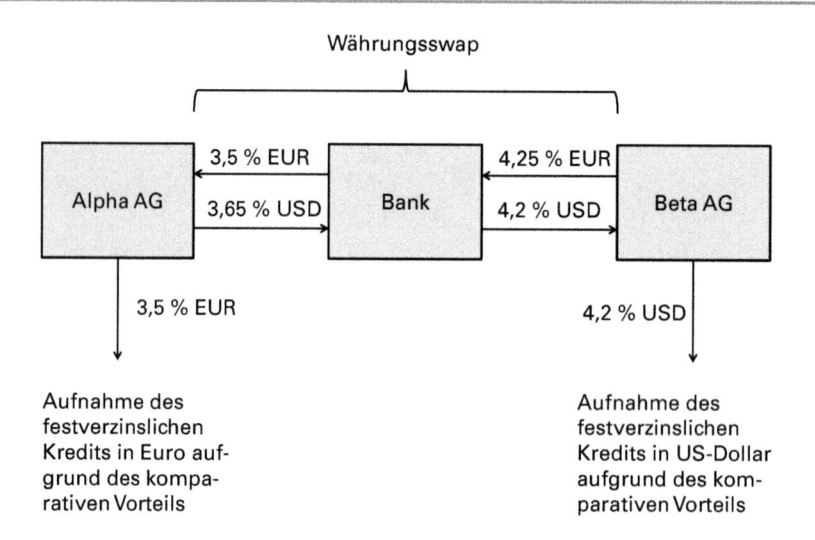

```
                        Währungsswap
              ┌─────────────────────────────┐
              
    ┌─────────┐  3,5 % EUR   ┌──────┐  4,25 % EUR  ┌─────────┐
    │ Alpha AG│←─────────────│ Bank │←─────────────│ Beta AG │
    │         │  3,65 % USD  │      │  4,2 % USD   │         │
    └─────────┘─────────────→└──────┘─────────────→└─────────┘
         │                                              │
    3,5 % EUR                                      4,2 % USD
         ↓                                              ↓
    Aufnahme des                                  Aufnahme des
    festverzinslichen                             festverzinslichen
    Kredits in Euro auf-                          Kredits in US-Dollar
    grund des kompa-                              aufgrund des kom-
    rativen Vorteils                              parativen Vorteils
```

Das Währungsrisiko wird von der Bank übernommen, da diese über das notwendige Know-how verfügt, um es absichern zu können. Auf die EUR-Zinsströme des Währungsswaps erhält die Bank netto 0,75 % (= 4,25 % − 3,5 %), während sie auf die USD-Zinsströme netto 0,55 % (= 4,2 % − 3,65 %) bezahlt. Werden die Einnahmen mit den Ausgaben verrechnet, ergibt sich ohne Berücksichtigung des Währungsrisikos eine positive Zinssatzdifferenz von 0,2 %. Um das Währungsrisiko abzusichern, kann die Bank die geschuldeten USD-Zinsströme von 0,55 % über ein Währungstermingeschäft gegen Euro kaufen.

Aufgabe 6

a) Der halbjährliche Swapsatz für den Euro beträgt 0,6 %:

$$SS_{EUR} = \frac{EUR\ 1 - EUR\ 1 \times 0{,}9881}{(0{,}9950 + 0{,}9881)} = 0{,}006\ .$$

Der annualisierte Swapsatz ist 1,2 % (= 2 × 0,6 %). Der halbjährliche Swapsatz für das britische Pfund hingegen liegt bei 0,7 %:

$$SS_{GBP} = \frac{GBP\ 1 - GBP\ 1 \times 0{,}9862}{(0{,}9940 + 0{,}9862)} = 0{,}007\ .$$

Somit beläuft sich der annualisierte Swapsatz für das britische Pfund auf 1,4 % (= 2 × 0,7 %).

b) Zunächst sind die Preise der festverzinslichen und der variabel verzinslichen Anleihen für den Euro zu berechnen:

$$B_{t, H, FA} = \text{EUR } 0{,}84 \text{ Mio.} \times (0{,}9973 + 0{,}9917) + \text{EUR } 140 \text{ Mio.} \times 0{,}9917$$
$$= \text{EUR } 140.508.760\,,$$
$$B_{t, H, VA} = \text{EUR } 140{,}7 \text{ Mio.} \times 0{,}9973 = \text{EUR } 140.320.110\,.$$

Der Preis der festverzinslichen GBP-Anleihe kann wie folgt ermittelt werden:

$$B_{t, F, FA} = \text{GBP } 0{,}7 \text{ Mio.} \times (0{,}9954 + 0{,}9868) + \text{GBP } 100 \text{ Mio.} \times 0{,}9868$$
$$= \text{GBP } 100.067.540\,.$$

Umgerechnet zum aktuellen Wechselkurs nach 2 Monaten von EUR/GBP 1,42 ergibt sich folgender Preis für die festverzinsliche GBP-Anleihe in Euro:

$$B_{t, F, FA \text{ in EUR}} = \text{GBP } 100.067.540 \times \text{EUR/GBP } 1{,}42 = \text{EUR } 142.095.907\,.$$

Der Preis der variabel verzinslichen GBP-Anleihe lässt sich folgendermaßen bestimmen:

$$B_{t, F, VA} = \text{GBP } 100{,}6 \text{ Mio.} \times 0{,}9954 = \text{GBP } 100.137.240\,.$$

Zum aktuellen Wechselkurs von EUR/GBP 1,42 resultiert folgender Preis für die variabel verzinsliche GBP-Anleihe in Euro:

$$B_{t, F, VA \text{ in EUR}} = \text{GBP } 100.137.240 \times \text{EUR/CHF } 1{,}42 = \text{EUR } 142.194.881\,.$$

Somit ergeben sich nach 2 Monaten aus der Sicht des Euro-Investors die folgenden Werte für die vier Arten von Fremdwährungsswaps:

$$V_{t, \text{ erhält fest EUR und bezahlt fest GBP}} = \text{EUR } 140.508.760 - \text{EUR } 142.095.907$$
$$= -\text{EUR } 1.587.147\,,$$
$$V_{t, \text{ erhält fest EUR und bezahlt variabel GBP}} = \text{EUR } 140.508.760 - \text{EUR } 142.194.881$$
$$= -\text{EUR } 1.686.121\,,$$
$$V_{t, \text{ erhält variabel EUR und bezahlt fest GBP}} = \text{EUR } 140.320.110 - \text{EUR } 142.095.907$$
$$= -\text{EUR } 1.775.797\,,$$
$$V_{t, \text{ erhält variabel EUR und bezahlt variabel GBP}} = \text{EUR } 140.320.110 - \text{EUR } 142.194.881$$
$$= -\text{EUR } 1.874.771\,.$$

Aus der Sicht des Euro-Investors entstehen aus dem Währungsswap Schuldpositionen, da sich der Euro gegenüber dem britischen Pfund abgeschwächt hat.

Aufgabe 7

Der Equity Swap lässt sich mit einer Long-Aktienindexposition und einer Short variabel verzinslichen Anleihe replizieren.

Der Preis der DAX-Position liegt bei EUR 20.816.327:

$$E_{t,\,DAX} = \frac{EUR\ 20.000.000 \times 10.200}{9800} = EUR\ 20.816.327.$$

Der Preis der variabel verzinslichen Anleihe kann wie folgt berechnet werden:

$$B_{t,\,VA} = \frac{EUR\ 20{,}05\ Mio.}{1 + 0{,}008 \times (1\ Monat/12\ Monate)} = EUR\ 20.036.642.$$

Der Wert des Equity Swaps beträgt demnach EUR 779.685:

$$V_t = E_{t,\,DAX} - B_{t,\,VA} = EUR\ 20.816.327 - EUR\ 20.036.642 = EUR\ 779.685.$$

Aufgabe 8

a) Die Vermögensverwaltungsgesellschaft möchte die Allokation in deutsche HDAX-Aktien um 20 % bzw. um EUR 10 Mio. (= 0,2 × EUR 50 Mio.) reduzieren und die internationalen Aktien um 20 % bzw. um EUR 10 Mio. erhöhen. Die Änderung der Asset-Allokation lässt sich mit folgendem Equity Swap bewerkstelligen, der einen Nominalbetrag von EUR 10 Mio. besitzt:
- Alpha Rock bezahlt jährlich die HDAX-Rendite und
- erhält im Gegenzug jährlich die MSCI-World-Index-Rendite.

b) Am Ende des 1. Jahres schuldet die Vermögensverwaltungsgesellschaft der Gegenpartei des Swaps EUR 300.000 (= 0,03 × EUR 10 Mio.) und erhält im Gegenzug EUR 800.000 (= 0,08 × EUR 10 Mio.). Demnach bezahlt die Gegenpartei des Swaps der Vermögensverwaltungsgesellschaft am Ende des 1. Jahres EUR 500.000.

Aufgabe 9

Nachstehend sind die aktuelle und angestrebte Asset-Allokation sowie die für die Änderung der Asset-Allokation erforderlichen Transaktionen aufgeführt:

	Aktuelle Asset-Allokation	Angestrebte Asset-Allokation	Transaktionen
Aktien	EUR 70 Mio.	EUR 60 Mio.	
Deutsche Aktien mit großer Marktkapitalisierung	EUR 49 Mio.	EUR 33 Mio.	Verkauf EUR 16 Mio.
Internationale Aktien	EUR 21 Mio.	EUR 27 Mio.	Kauf EUR 6 Mio.
Anleihen	EUR 30 Mio.	EUR 40 Mio.	
Bundesanleihen	EUR 18 Mio.	EUR 30 Mio.	Kauf EUR 12 Mio.
Unternehmensanleihen	EUR 12 Mio.	EUR 10 Mio.	Verkauf EUR 2 Mio.

Mit den folgenden Swaps lässt sich die gewünschte taktische Asset-Allokation erreichen:

Erster Equity Swap:

- Erhalt des EURIBOR-Satzes auf einen Nominalbetrag von EUR 16 Mio. und
- Bezahlung der Rendite eines Index bestehend aus deutschen Aktien mit einer großen Marktkapitalisierung (DAX) auf einen Nominalbetrag von EUR 16 Mio.

Zweiter Equity Swap:

- Erhalt der Rendite eines Index von internationalen Aktien (z. B. MSCI World Index) auf einen Nominalbetrag von EUR 6 Mio. und
- Bezahlung des EURIBOR-Satzes auf einen Nominalbetrag von EUR 6 Mio.

Erster Total Return Swap:

- Erhalt der Rendite eines Index von deutschen Bundesanleihen (z. B. REXP) auf einen Nominalbetrag von EUR 12 Mio. und
- Bezahlung des EURIBOR-Satzes auf einen Nominalbetrag von EUR 12 Mio.

Zweiter Total Return Swap:

- Erhalt des EURIBOR-Satzes auf einen Nominalbetrag von EUR 2 Mio. und
- Bezahlung der Rendite eines Index bestehend aus deutschen Unternehmensanleihen (z. B. PSCBI) auf einen Nominalbetrag von EUR 2 Mio.

Über alle vier Swaps hinweg heben sich die EURIBOR-Zahlungen gegenseitig auf.

Aufgabe 10

a) Die Kreditrisikoprämie (Credit Spread) beläuft sich auf 2,25 % (= 5 % − 2,75 %). Die bedingte durchschnittliche Ausfallwahrscheinlichkeit pro Jahr von 3,46 % lässt sich wie folgt berechnen:

$$\text{AW}_{\text{bedingt}} = \frac{\text{KRP}}{(1 - \text{WR})} = \frac{0{,}0225}{(1 - 0{,}35)} = 0{,}0346 \,.$$

Hierbei handelt es sich um eine implizite Ausfallwahrscheinlichkeit.

b) Die bedingte durchschnittliche Ausfallwahrscheinlichkeit pro Jahr über einen Zeitraum von 6 Jahren liegt bei 3,85 %:

$$\text{AW}_{\text{bedingt}} = \frac{\text{KRP}}{(1 - \text{WR})} = \frac{0{,}025}{(1 - 0{,}35)} = 0{,}0385 \,.$$

Die bedingte durchschnittliche Ausfallwahrscheinlichkeit für die Jahre 5 und 6 von 4,63 % lässt sich folgendermaßen ermitteln:

$$\text{AW}_{\text{bedingt, Jahre 5 und 6}} = \frac{0{,}0385 \times 6 - 0{,}0346 \times 4}{2} = 4{,}63\,\% \,.$$

Aufgabe 11

Der Preis der Unternehmensanleihe von 98,63 % lässt sich wie folgt berechnen:

$$B_0 = \frac{4\,\%}{1{,}045} + \frac{4\,\%}{(1{,}045)^2} + \frac{104\,\%}{(1{,}045)^3} = 98{,}63\,\% \,.$$

Der Preis der risikolosen Anleihe bzw. der Anleihepreis ohne Kreditrisiko ergibt sich aus den erwarteten Cashflows, die mit dem risikolosen Zinssatz von 2,5 % diskontiert werden:

$$B_{0,\,\text{risikolos}} = \frac{4\,\%}{1{,}025} + \frac{4\,\%}{(1{,}025)^2} + \frac{104\,\%}{(1{,}025)^3} = 104{,}28\,\% \,.$$

Der erwartete Verlust aus einem Kreditausfall beläuft sich auf 5,65 % (= 104,28 % − 98,63 %).

Bei einer gleich bleibenden Ausfallwahrscheinlichkeit (AW) und einem Ausfall unmittelbar vor der Kuponzahlung lässt sich der Barwert des erwarteten Verlusts aus einem Kreditausfall folgendermaßen bestimmen:

Jahre	Ausfallwahr-scheinlichkeit	Wieder-verwertung	Risikoloser Anleihepreis	Verlusthöhe bei Ausfall	Barwert des erwarteten Verlusts
1	AW	40 %	106,89 %[a]	66,89 %[b]	65,26 % AW
2	AW	40 %	105,46 %	65,46 %	62,31 % AW
3	AW	40 %	104,00 %	64,00 %	59,43 % AW
Total					187,00 % AW

[a] $4\% + \frac{4\%}{1{,}025} + \frac{104\%}{(1{,}025)^2} = 106{,}89\%$

[b] $106{,}89\% - 40\% = 66{,}89\%$

Die erwarteten Verluste aus einem Kreditausfall werden mit dem risikolosen Zinssatz diskontiert. Daher handelt es sich bei der Berechnung der Ausfallwahrscheinlichkeit (AW) um eine risikoneutrale Größe. Sie lässt sich ermitteln, indem der Barwert des erwarteten Verlusts von 187 % AW mit dem erwarteten Verlust von 5,65 % gleichgesetzt und anschließend nach AW aufgelöst wird:

$$187\,\% \text{ AW} = 5{,}65\,\% \rightarrow \text{AW} = \frac{5{,}65\,\%}{187\,\%} = 0{,}0302\,.$$

Somit beträgt die durchschnittliche risikoneutrale Ausfallwahrscheinlichkeit pro Jahr 3,02 %.

Aufgabe 12

Der Käufer des Ausfallschutzes (CDS-Käufer bzw. Sicherungsnehmer) bezahlt in 6, 12, 18, 24, 30, 36 und in 42 Monaten jeweils eine CDS-Prämie von EUR 0,8 Mio. an den Verkäufer des Ausfallschutzes (CDS-Verkäufer bzw. Sicherungsgeber):

$$\text{CDS-Prämie} = \text{EUR } 200.000.000 \times 0{,}008 \times 0{,}5 = \text{EUR } 800.000\,.$$

Des Weiteren bezahlt der CDS-Käufer beim Eintritt des Kreditereignisses die aufgelaufene CDS-Prämie von EUR 0,4 Mio. [= EUR 200 Mio. × 0,008 × (3 Monate/ 12 Monate)]. Demgegenüber überweist der CDS-Verkäufer nach Eintritt des Kreditereignisses dem CDS-Käufer einen Betrag von EUR 140 Mio.:

$$\text{Barausgleich} = \text{EUR } 200.000.000 \times (1 - 0{,}3) = \text{EUR } 140.000.000\,.$$

Aufgabe 13

a) Zu Laufzeitbeginn ist der Wert des CDS null, da der Barwert der vom CDS-Käufer zu entrichtenden Prämienzahlungen gleich groß wie der Barwert der erwarteten Ausgleichszahlungen des Verkäufers ist. Um den Barwert der erwarteten Prämienzahlungen zu ermitteln, sind zunächst die unbedingten Ausfallwahrscheinlichkeiten und die Überlebenswahrscheinlichkeiten zu bestimmen:

Jahre	Unbedingte Ausfallwahrscheinlichkeiten	Überlebenswahrscheinlichkeiten
1	0,0400	0,9600
2	0,0384	0,9216
3	0,0369	0,8847

Falls kein Kreditereignis eintritt, werden die CDS-Prämienzahlungen vom Käufer am Ende der Jahre 1 bis 3 bezahlt. Somit setzt sich die jährliche Prämienzahlung bei einem Nominalbetrag von EUR 1 aus dem CDS-Spread (CS) multipliziert mit der betreffenden Überlebenswahrscheinlichkeit zusammen. Der Barwert der erwarteten Prämienzahlungen lässt sich wie folgt berechnen:

Jahre	Überlebenswahrscheinlichkeiten	Erwartete Prämienzahlungen (in EUR)	Barwert der erwarteten Prämienzahlungen (in EUR)
1	0,9600	0,9600CS	0,9412CS
2	0,9216	0,9216CS	0,8858CS
3	0,8847	0,8847CS	0,8337CS
Total			2,6607CS

Bei einem Kreditereignis muss der CDS-Käufer die zeitanteilig aufgelaufenen CDS-Prämien bezahlen. Die Barwerte der erwarteten zeitanteiligen CDS-Prämienzahlungen können folgendermaßen ermittelt werden:

Jahre	Unbedingte Ausfallwahrscheinlichkeiten	Erwartete zeitanteilige Prämienzahlungen (in EUR)	Barwert der erwarteten zeitanteiligen Prämienzahlungen (in EUR)
0,5	0,0400	0,0200CS	0,0198CS
1,5	0,0384	0,0192CS	0,0186CS
2,5	0,0369	0,0185CS	0,0176CS
Total			0,0560CS

Um die erwartete Ausgleichszahlung des CDS-Verkäufers zu bestimmen, wird unterstellt, dass ein möglicher Kreditausfall jeweils in der Jahresmitte erfolgt. Der Barwert der erwarteten Ausgleichszahlung lautet wie folgt:

Jahre	Unbedingte Ausfallwahrscheinlichkeiten	Wiederverwertungsrate	Erwartete Ausgleichszahlungen (in EUR)	Barwert der erwarteten Ausgleichszahlungen (in EUR)
0,5	0,0400	0,35	0,0260	0,0257
1,5	0,0384	0,35	0,0250	0,0243
2,5	0,0369	0,35	0,0240	0,0228
Total				0,0728

Demnach besteht der Barwert der CDS-Prämienzahlungen des Käufers aus EUR 2,6607CS und EUR 0,0560CS, was einen Barwert der erwarteten Zahlungen von EUR 2,7167CS ergibt. Setzt man die erwarteten Zahlungen des Käufers mit denjenigen des Verkäufers gleich und löst die Gleichung anschließend nach CS auf, erhält man eine CDS-Prämie von 268 Basispunkten:

$$\text{EUR } 2{,}7167\text{CS} = \text{EUR } 0{,}0728 \rightarrow \text{CS} = \frac{\text{EUR } 0{,}0728}{\text{EUR } 2{,}7167} = 0{,}0268\,.$$

b) Bei einer CDS-Prämie von 250 Basispunkten resultiert ein Barwert der erwarteten Prämienzahlungen für den CDS-Käufer von EUR 0,0679 (= EUR 2,7167 × 0,0250). Der Wert des CDS für den Käufer besteht aus der Differenz zwischen dem Barwert der erwarteten Ausgleichszahlungen und dem Barwert der erwarteten Prämienzahlungen (bei einem Nominalbetrag von EUR 1):

$$V_{\text{CDS-Käufer, t}} = \text{EUR } 0{,}0728 - \text{EUR } 0{,}0679 = \text{EUR } 0{,}0049\,.$$

Da der CDS-Käufer eine Prämie von 250 Basispunkten bezahlt und heute für denselben CDS eine Prämie von 268 Basispunkten nötig wäre, liegt eine Vermögensposition vor.

Lösungen zu Kapitel 15 „Optionen"

Aufgabe 1

a) Die Preisobergrenze der europäischen Call-Option ist durch den Aktienpreis von EUR 108 gegeben:

$$c_0 \leq \text{EUR } 108 \, .$$

Die Preisuntergrenze der Kaufoption liegt bei EUR 6,93:

$$c_0 \geq \text{Max}\left(\text{EUR } 0, \text{EUR } 108 \times e^{-0,04 \times (170/365)} - \text{EUR } 100 \times e^{-0,02 \times (170/365)}\right)$$
$$= \text{EUR } 6,93 \, .$$

b) Die Preisobergrenze der europäischen Put-Option entspricht dem Barwert des Ausübungspreises von EUR 99,07:

$$p_0 \leq \text{EUR } 100 \times e^{-0,02 \times (170/365)} = \text{EUR } 99,07 \, .$$

Die Preisuntergrenze der Verkaufsoption beläuft sich auf EUR 0:

$$p_0 \geq \text{Max}\left(\text{EUR } 0, \text{EUR } 100 \times e^{-0,02 \times (170/365)} - \text{EUR } 108 \times e^{-0,04 \times (170/365)}\right)$$
$$= \text{EUR } 0.$$

Aufgabe 2

a) Die Preisobergrenze der amerikanischen Call-Option ist der Aktienpreis von EUR 45:

$$c_0 \leq \text{EUR } 45 \, .$$

Die Preisuntergrenze der amerikanischen Kaufoption liegt bei EUR 0:

$$c_0 \geq \text{Max}\left(\text{EUR } 0, \text{EUR } 45 - \frac{\text{EUR } 50}{(1{,}02)^{0{,}5}}\right) = \text{EUR } 0\,.$$

b) Die Preisobergrenze der amerikanischen Put-Option ist durch den Ausübungspreis von EUR 50 gegeben:

$$p_0 \leq \text{EUR } 50\,.$$

Die Preisuntergrenze der amerikanischen Verkaufsoption von EUR 5 kann wie folgt bestimmt werden:

$$p_0 \geq \text{Max}\,(\text{EUR } 0, \text{EUR } 50 - \text{EUR } 45) = \text{EUR } 5\,.$$

Aufgabe 3

In Anlehnung an die Put-Call-Parität lässt sich der Preis der europäischen Put-Option auf eine Aktie mit Dividende folgendermaßen ermitteln:

$$p_0 = \text{EUR } 13{,}24 + \frac{\text{EUR } 100}{(1{,}02)^{15/12}} - \left(\text{EUR } 103 - \frac{\text{EUR } 4}{(1{,}02)^{11/12}}\right) = \text{EUR } 11{,}72\,.$$

Aufgabe 4

Der Fiduciary Call und der Protective Put verfügen über die folgenden Werte:

$$\text{Wert Fiduciary Call} = \text{EUR } 6{,}10 + \frac{\text{EUR } 45}{(1{,}02)^{10/12}} = \text{EUR } 50{,}36\,,$$

$$\text{Wert Protective Put} = \text{EUR } 4 + \text{EUR } 48 = \text{EUR } 52\,.$$

Der Wert des Fiduciary Calls unterschreitet den Wert des Protective Puts. Um einen risikolosen Arbitragewinn zu erzielen, ist die unterbewertete Position (Fiduciary Call) zu kaufen und die überbewertete Position (Protective Put) zu verkaufen. Die Arbitragetransaktionen zu Beginn lauten wie folgt: Long Call, Long-Nullkuponanleihe mit Nominalwert von EUR 45, Short Put und Short-Aktie. Das führt zu einem Arbitragegewinn von EUR 1,64 (= −EUR 6,10 − EUR 44,26 + EUR 4 + EUR 48).

In 10 Monaten – also zum Fälligkeitszeitpunkt der beiden europäischen Call- und Put-Optionen – resultieren aus der Arbitragestrategie die folgenden Cashflows:

	$S_T < X$	$S_T > X$
Long Call	EUR 0	S_T − EUR 45
Short Put	−(EUR 45 − S_T)	EUR 0
Short-Aktie	−S_T	−S_T
Long-0%-Anleihe	EUR 45	EUR 45
Total Cashflows	EUR 0	EUR 0

Am Fälligkeitstag der beiden Optionen ergibt sich ein Nettocashflow von EUR 0. Somit besteht der risikolose Arbitragegewinn aus dem Gewinn zu Beginn der Strategie von EUR 1,64.

Aufgabe 5

a) Die Parameter für die Bestimmung des Optionspreises sind: $S_0 = 42$, $X = 40$, $\sigma = 0,3$, $r_{F,s} = 0,03$, $T = 9/12 = 0,75$. Die Standardnormalvariablen d_1 und d_2 können folgendermaßen berechnet werden:

$$d_1 = \frac{\ln(42/40) + (0,03 + 0,3^2/2) \times 0,75}{0,3 \times \sqrt{0,75}} = 0,4045 ,$$

$$d_2 = 0,4045 - 0,3 \times \sqrt{0,75} = 0,1447 .$$

Werden die Standardnormalvariablen d_1 und d_2 auf zwei Dezimalstellen ($d_1 = 0,40$ und $d_2 = 0,15$) gerundet, können aus der Standardnormalverteilungstabelle die Flächen N(d_1) von 0,6554 und N(d_2) von 0,5596 abgelesen werden.[1] Somit beträgt der Call-Preis EUR 5,64:

$$c_0 = \text{EUR } 42 \times 0,6554 - \text{EUR } 40 \times e^{-0,03 \times 0,75} \times 0,5596 = \text{EUR } 5,64 .$$

b)

$$N(-d_1) = 1 - N(d_1) = 1 - 0,6554 = 0,3446$$
$$N(-d_2) = 1 - N(d_2) = 1 - 0,5596 = 0,4404$$

Der Put-Preis von EUR 2,75 lässt sich wie folgt bestimmen:

$$p_0 = \text{EUR } 40 \times e^{-0,03 \times 0,75} \times 0,4404 - \text{EUR } 42 \times 0,3446 = \text{EUR } 2,75 .$$

Aufgabe 6

a) Die Bewertungsparameter für die Berechnung des Call-Optionspreises anhand des erweiterten Black/Scholes-Modells sind: $S_0 = 75$, $X = 80$, $\sigma = 0,25$, $q = 0,04$, $r_{F,s} = 0,02$ und $T = 1,5$. Die Standardnormalvariablen d_1 und d_2 können folgendermaßen ermittelt werden:

$$d_1 = \frac{\ln(75 \times e^{-0,04 \times 1,5}/80) + (0,02 + 0,25^2/2) \times 1,5}{0,25 \times \sqrt{1,5}} = -0,1555 ,$$

$$d_2 = -0,1555 - 0,25 \times \sqrt{1,5} = -0,4617 .$$

---

[1] Da in der Standardnormalverteilungstabelle lediglich die Fläche rechts des Erwartungswerts angegeben wird, ist zum abgelesenen Wert 0,5 hinzuzuzählen.

Werden die Standardnormalvariablen d_1 und d_2 auf zwei Dezimalstellen ($d_1 = -0{,}16$ und $d_2 = -0{,}46$) gerundet, lassen sich aus der Standardnormalverteilungstabelle die Flächen $N(d_1)$ von 0,4364 und $N(d_2)$ von 0,3228 ableiten. Somit ergibt sich ein Call-Preis von EUR 5,76:

$$c_0 = \text{EUR } 75 \times e^{-0{,}04 \times 1{,}5} \times 0{,}4364 - \text{EUR } 80 \times e^{-0{,}02 \times 1{,}5} \times 0{,}3228 = \text{EUR } 5{,}76 \,.$$

Die Bewertungsparameter für die Berechnung des Put-Optionspreises anhand des erweiterten Black/Scholes-Modells lauten: $S_0 = 75$, $X = 80$, $\sigma = 0{,}25$, $q = 0{,}04$, $r_{F,s} = 0{,}02$, $T = 1{,}5$, $1 - N(d_1) = 1 - 0{,}4364 = 0{,}5636$ und $1 - N(d_2) = 1 - 0{,}3228 = 0{,}6772$. Der Put-Preis von EUR 12,77 kann wie folgt berechnet werden:

$$\begin{aligned} p_0 &= \text{EUR } 80 \times e^{-0{,}02 \times 1{,}5} \times 0{,}6772 - \text{EUR } 75 \times e^{-0{,}04 \times 1{,}5} \times 0{,}5636 \\ &= \text{EUR } 12{,}77 \,. \end{aligned}$$

b) Für die europäische Call-Option ergeben sich mit dem Binomialmodell folgende Bewertungsparameter: $S_0 = 75$, $X = 80$, $\sigma = 0{,}25$, $q = 0{,}04$, $r_{F,s} = 0{,}02$ und $\Delta t = 0{,}5 \, (= 1{,}5/3)$. Die Auf- und Abwärtsparameter sowie die risikoneutralen Wahrscheinlichkeiten einer Auf- und Abwärtsbewegung können für ein Drei-Perioden-Binomialmodell folgendermaßen festgelegt werden (Modell von Cox, Ross und Rubinstein):

$$u = e^{0{,}25 \times \sqrt{0{,}5}} = 1{,}1934 \,,$$

$$d = e^{-0{,}25 \times \sqrt{0{,}5}} = 0{,}8380 \,,$$

$$\pi_u = \frac{e^{(0{,}02 - 0{,}04) \times 0{,}5} - 0{,}8380}{1{,}1934 - 0{,}8380} = 0{,}4278 \,,$$

$$\pi_d = 1 - 0{,}4278 = 0{,}5722 \,.$$

In einem Drei-Perioden-Binomialmodell lassen sich die Aktienpreise und Call-Preise (in EUR) wie folgt aufführen:

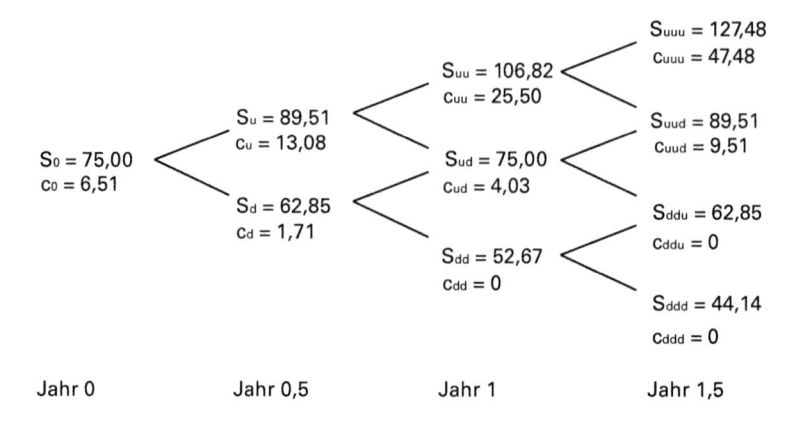

Jahr 0	Jahr 0,5	Jahr 1	Jahr 1,5
$S_0 = 75{,}00$ $c_0 = 6{,}51$	$S_u = 89{,}51$ $c_u = 13{,}08$	$S_{uu} = 106{,}82$ $c_{uu} = 25{,}50$	$S_{uuu} = 127{,}48$ $c_{uuu} = 47{,}48$
	$S_d = 62{,}85$ $c_d = 1{,}71$	$S_{ud} = 75{,}00$ $c_{ud} = 4{,}03$	$S_{uud} = 89{,}51$ $c_{uud} = 9{,}51$
		$S_{dd} = 52{,}67$ $c_{dd} = 0$	$S_{ddu} = 62{,}85$ $c_{ddu} = 0$
			$S_{ddd} = 44{,}14$ $c_{ddd} = 0$

Der Call-Preis von EUR 6,51 lässt sich anhand der Rückwärtsinduktion wie folgt ermitteln:[2]

$$c_{uu} = \frac{0{,}4278 \times \text{EUR } 47{,}48 + 0{,}5722 \times \text{EUR } 9{,}51}{e^{0{,}02 \times 0{,}5}} = \text{EUR } 25{,}50,$$

$$c_{ud} = \frac{0{,}4278 \times \text{EUR } 9{,}51 + 0{,}5722 \times \text{EUR } 0}{e^{0{,}02 \times 0{,}5}} = \text{EUR } 4{,}03,$$

$$c_u = \frac{0{,}4278 \times \text{EUR } 25{,}50 + 0{,}5722 \times \text{EUR } 4{,}03}{e^{0{,}02 \times 0{,}5}} = \text{EUR } 13{,}08,$$

$$c_d = \frac{0{,}4278 \times \text{EUR } 4{,}03 + 0{,}5722 \times \text{EUR } 0}{e^{0{,}02 \times 0{,}5}} = \text{EUR } 1{,}71,$$

$$c_0 = \frac{0{,}4278 \times \text{EUR } 13{,}08 + 0{,}5722 \times \text{EUR } 1{,}71}{e^{0{,}02 \times 0{,}5}} = \text{EUR } 6{,}51.$$

In einem Drei-Perioden-Binomialmodell lassen sich die Aktienpreise und Put-Preise (in EUR) wie folgt darstellen:

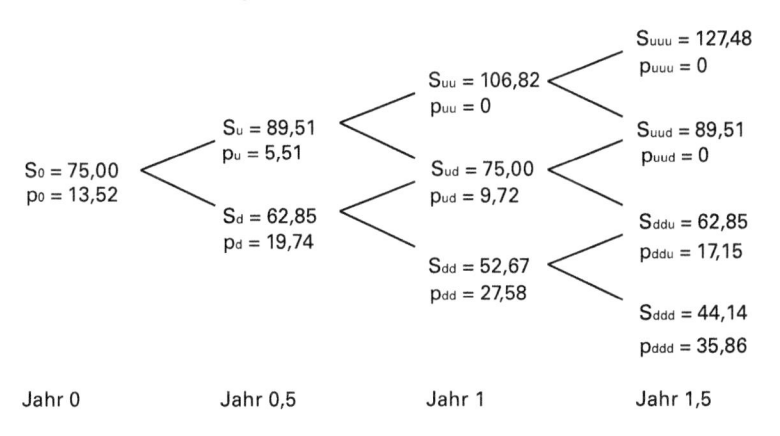

```
                                                    S_uuu = 127,48
                                                    p_uuu = 0
                            S_uu = 106,82
                            p_uu = 0
              S_u = 89,51                           S_uud = 89,51
              p_u = 5,51                            p_uud = 0
S_0 = 75,00                 S_ud = 75,00
p_0 = 13,52                 p_ud = 9,72
              S_d = 62,85                           S_ddu = 62,85
              p_d = 19,74                           p_ddu = 17,15
                            S_dd = 52,67
                            p_dd = 27,58
                                                    S_ddd = 44,14
                                                    p_ddd = 35,86

Jahr 0        Jahr 0,5      Jahr 1                  Jahr 1,5
```

Der Put-Preis von EUR 13,52 lässt sich anhand der Rückwärtsinduktion folgendermaßen bestimmen:[3]

$$p_{ud} = \frac{0{,}4278 \times \text{EUR } 0 + 0{,}5722 \times \text{EUR } 17{,}15}{e^{0{,}02 \times 0{,}5}} = \text{EUR } 9{,}72,$$

$$p_{dd} = \frac{0{,}4278 \times \text{EUR } 17{,}15 + 0{,}5722 \times \text{EUR } 35{,}86}{e^{0{,}02 \times 0{,}5}} = \text{EUR } 27{,}58,$$

$$p_u = \frac{0{,}4278 \times \text{EUR } 0 + 0{,}5722 \times \text{EUR } 9{,}72}{e^{0{,}02 \times 0{,}5}} = \text{EUR } 5{,}51,$$

$$p_d = \frac{0{,}4278 \times \text{EUR } 9{,}72 + 0{,}5722 \times \text{EUR } 27{,}58}{e^{0{,}02 \times 0{,}5}} = \text{EUR } 19{,}74,$$

$$p_0 = \frac{0{,}4278 \times \text{EUR } 5{,}51 + 0{,}5722 \times \text{EUR } 19{,}74}{e^{0{,}02 \times 0{,}5}} = \text{EUR } 13{,}52.$$

---

[2] Mit 150 Zeitintervallen resultiert mit dem Binomialmodell ein Call-Preis von EUR 5,95.
[3] Mit 150 Zeitintervallen ergibt sich mit dem Binomialmodell ein Put-Preis von EUR 12,96.

c) Die Deltas der europäischen Call- und Put-Optionen können anhand des Drei-Perioden-Binomialmodells folgendermaßen bestimmt werden:

$$\text{Delta}_{\text{Call}} = \frac{c_u - c_d}{S_u - S_d} = \frac{\text{EUR } 13{,}08 - \text{EUR } 1{,}71}{\text{EUR } 89{,}51 - \text{EUR } 62{,}85} = 0{,}426\,,$$

$$\text{Delta}_{\text{Put}} = \frac{p_u - p_d}{S_u - S_d} = \frac{\text{EUR } 5{,}51 - \text{EUR } 19{,}74}{\text{EUR } 89{,}51 - \text{EUR } 62{,}85} = -0{,}534\,.$$

Das Gamma lässt sich mit dem Binomialmodell berechnen, indem die Veränderung des Deltas durch die Veränderung des Aktienpreises dividiert wird. Für die Call-Option ergibt sich ein Gamma von 0,0183:

$$\text{Gamma}_{\text{Call}} = \frac{\frac{(c_{uu} - c_{ud})}{(S_{uu} - S_{ud})} - \frac{(c_{ud} - c_{dd})}{(S_{du} - S_{dd})}}{0{,}5\,(S_{uu} - S_{dd})}$$

$$= \frac{\frac{(\text{EUR } 25{,}50 - \text{EUR } 4{,}03)}{(\text{EUR } 106{,}82 - \text{EUR } 75)} - \frac{(\text{EUR } 4{,}03 - \text{EUR } 0)}{(\text{EUR } 75 - \text{EUR } 52{,}67)}}{0{,}5 \times (\text{EUR } 106{,}82 - \text{EUR } 52{,}67)} = 0{,}0183\,.$$

Für die europäische Put-Option resultiert ebenfalls ein Gamma von 0,0183:

$$\text{Gamma}_{\text{Put}} = \frac{\frac{(\text{EUR } 0 - \text{EUR } 9{,}72)}{(\text{EUR } 106{,}82 - \text{EUR } 75)} - \frac{(\text{EUR } 9{,}72 - \text{EUR } 27{,}58)}{(\text{EUR } 75 - \text{EUR } 52{,}67)}}{0{,}5 \times (\text{EUR } 106{,}82 - \text{EUR } 52{,}67)} = 0{,}0183\,.$$

Das Theta der Call-Option liegt bei $-2{,}48$:

$$\text{Theta}_{\text{Call}} = \frac{c_{ud} - c_0}{2\Delta t} = \frac{\text{EUR } 4{,}03 - \text{EUR } 6{,}51}{2 \times 0{,}5} = -2{,}48\,.$$

Das Theta der Put-Option beträgt $-3{,}8$:

$$\text{Theta}_{\text{Put}} = \frac{p_{ud} - p_0}{2\Delta t} = \frac{\text{EUR } 9{,}72 - \text{EUR } 13{,}52}{2 \times 0{,}5} = -3{,}8\,.$$

Wird das Theta der Put-Option von $-3{,}8$ durch 365 Kalendertage dividiert, resultiert daraus ein Theta von $-0{,}01$. Demnach geht der Put-Preis nach 1 Tag um EUR 0,01 zurück, wenn alles andere gleich bleibt.

d) Mit dem Ansatz von gleichen (symmetrischen) risikoneutralen Wahrscheinlichkeiten ergeben sich folgende Auf- und Abwärtsparameter:

$$u = e^{\left(0{,}02 - 0{,}04 - \frac{0{,}25^2}{2}\right) \times 0{,}5 + 0{,}25 \times \sqrt{0{,}5}} = 1{,}1632\,,$$

$$d = e^{\left(0{,}02 - 0{,}04 - \frac{0{,}25^2}{2}\right) \times 0{,}5 - 0{,}25 \times \sqrt{0{,}5}} = 0{,}8168\,.$$

Die risikoneutralen Wahrscheinlichkeiten einer Auf- bzw. Abwärtsbewegung belaufen sich auf je 50 %, was zu folgenden Werten für die Aktie und die europäische Call-Option (in EUR) im Drei-Perioden-Binomialbaum führt:

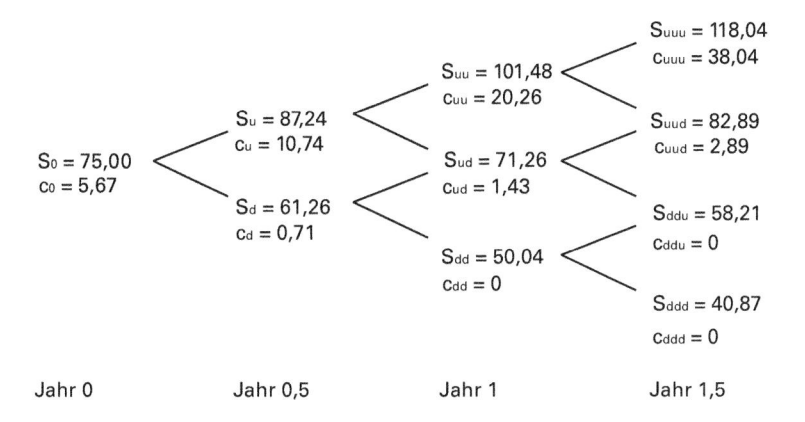

```
                                                    S_uuu = 118,04
                                                    c_uuu = 38,04
                              S_uu = 101,48
                              c_uu = 20,26
         S_u = 87,24                                S_uud = 82,89
         c_u = 10,74                                c_uud = 2,89
S_0 = 75,00                   S_ud = 71,26
c_0 = 5,67                    c_ud = 1,43
         S_d = 61,26                                S_ddu = 58,21
         c_d = 0,71                                 c_ddu = 0
                              S_dd = 50,04
                              c_dd = 0
                                                    S_ddd = 40,87
                                                    c_ddd = 0

Jahr 0        Jahr 0,5        Jahr 1               Jahr 1,5
```

Der Call-Preis von EUR 5,67 lässt sich anhand der Rückwärtsinduktion wie folgt ermitteln:[4]

$$c_{uu} = \frac{0{,}5 \times \text{EUR } 38{,}04 + 0{,}5 \times \text{EUR } 2{,}89}{e^{0{,}02 \times 0{,}5}} = \text{EUR } 20{,}26 \;,$$

$$c_{ud} = \frac{0{,}5 \times \text{EUR } 2{,}89 + 0{,}5 \times \text{EUR } 0}{e^{0{,}02 \times 0{,}5}} = \text{EUR } 1{,}43 \;,$$

$$c_u = \frac{0{,}5 \times \text{EUR } 20{,}26 + 0{,}5 \times \text{EUR } 1{,}43}{e^{0{,}02 \times 0{,}5}} = \text{EUR } 10{,}74 \;,$$

$$c_d = \frac{0{,}5 \times \text{EUR } 1{,}43 + 0{,}5 \times \text{EUR } 0}{e^{0{,}02 \times 0{,}5}} = \text{EUR } 0{,}71 \;,$$

$$c_0 = \frac{0{,}5 \times \text{EUR } 10{,}74 + 0{,}5 \times \text{EUR } 0{,}71}{e^{0{,}02 \times 0{,}5}} = \text{EUR } 5{,}67 \;.$$

Die Werte für die Aktie und die Preise der europäischen Put-Option (in EUR) können im Drei-Perioden-Binomialmodell wie folgt aufgeführt werden:

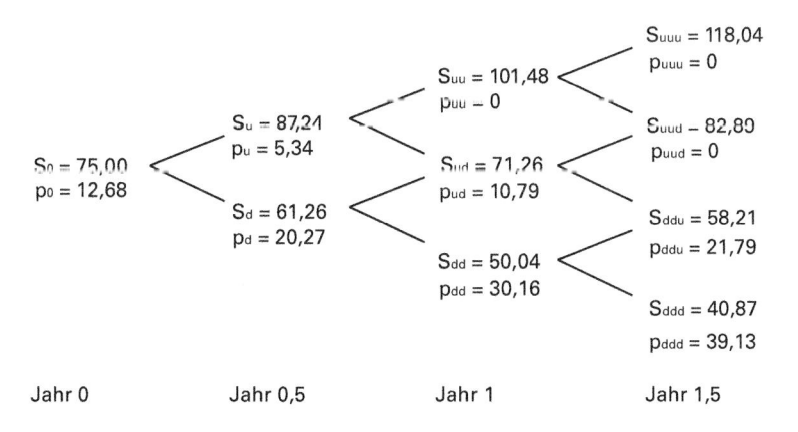

```
                                                    S_uuu = 118,04
                                                    p_uuu = 0
                              S_uu = 101,48
                              p_uu = 0
         S_u = 87,24                                S_uud = 82,89
         p_u = 5,34                                 p_uud = 0
S_0 = 75,00                   S_ud = 71,26
p_0 = 12,68                   p_ud = 10,79
         S_d = 61,26                                S_ddu = 58,21
         p_d = 20,27                                p_ddu = 21,79
                              S_dd = 50,04
                              p_dd = 30,16
                                                    S_ddd = 40,87
                                                    p_ddd = 39,13

Jahr 0        Jahr 0,5        Jahr 1               Jahr 1,5
```

---
[4] Mit 150 Zeitintervallen resultiert mit dem Binomialmodell ein Call-Preis von EUR 5,94.

Der Put-Preis von EUR 12,68 lässt sich anhand der Rückwärtsinduktion folgendermaßen berechnen:[5]

$$p_{uu} = \frac{0{,}5 \times \text{EUR } 0 + 0{,}5 \times \text{EUR } 0}{e^{0{,}02 \times 0{,}5}} = \text{EUR } 0 \,,$$

$$p_{ud} = \frac{0{,}5 \times \text{EUR } 0 + 0{,}5 \times \text{EUR } 21{,}79}{e^{0{,}02 \times 0{,}5}} = \text{EUR } 10{,}79 \,,$$

$$p_{dd} = \frac{0{,}5 \times \text{EUR } 21{,}79 + 0{,}5 \times \text{EUR } 39{,}13}{e^{0{,}02 \times 0{,}5}} = \text{EUR } 30{,}16 \,,$$

$$p_{u} = \frac{0{,}5 \times \text{EUR } 0 + 0{,}5 \times \text{EUR } 10{,}79}{e^{0{,}02 \times 0{,}5}} = \text{EUR } 5{,}34 \,,$$

$$p_{d} = \frac{0{,}5 \times \text{EUR } 10{,}79 + 0{,}5 \times \text{EUR } 30{,}16}{e^{0{,}02 \times 0{,}5}} = \text{EUR } 20{,}27 \,,$$

$$p_{0} = \frac{0{,}5 \times \text{EUR } 5{,}34 + 0{,}5 \times \text{EUR } 20{,}27}{e^{0{,}02 \times 0{,}5}} = \text{EUR } 12{,}68 \,.$$

Aufgabe 7

Für die amerikanische Call-Option lauten die Bewertungsparameter für das Binomialmodell wie folgt: $S_0 = 100$, $X = 100$, $\sigma = 0{,}35$, $q = 0{,}03$, $r_{F,s} = 0{,}02$ und $\Delta t = 0{,}25 \, (= 0{,}75/3)$. Daraus ergeben sich folgende Auf- und Abwärtsparameter sowie risikoneutralen Wahrscheinlichkeiten einer Auf- und Abwärtsbewegung (Modell von Cox, Ross und Rubinstein):

$$u = e^{0{,}35 \times \sqrt{0{,}25}} = 1{,}1912 \,,$$

$$d = e^{-0{,}35 \times \sqrt{0{,}25}} = 0{,}8395 \,,$$

$$\pi_u = \frac{e^{(0{,}02-0{,}03) \times 0{,}25} - 0{,}8395}{1{,}1912 - 0{,}8395} = 0{,}4493 \,,$$

$$\pi_d = 1 - 0{,}4493 = 0{,}5507 \,.$$

In einem Drei-Perioden-Binomialmodell lassen sich die Aktienpreise und Call-Preise (in EUR) wie folgt aufführen:

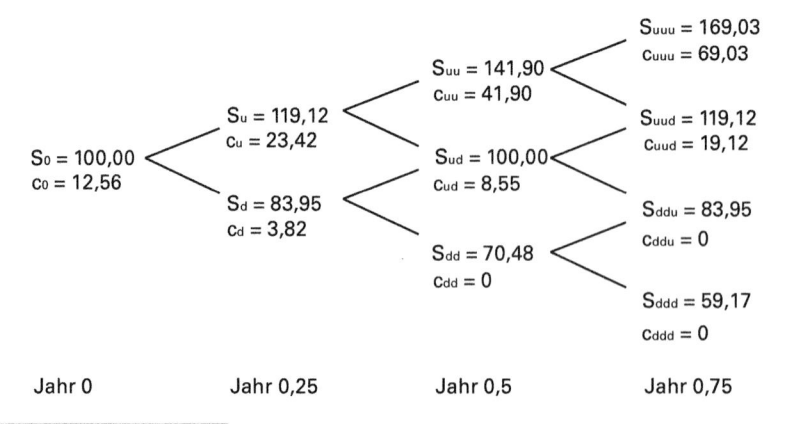

$S_0 = 100{,}00$, $C_0 = 12{,}56$

$S_u = 119{,}12$, $C_u = 23{,}42$
$S_d = 83{,}95$, $C_d = 3{,}82$

$S_{uu} = 141{,}90$, $C_{uu} = 41{,}90$
$S_{ud} = 100{,}00$, $C_{ud} = 8{,}55$
$S_{dd} = 70{,}48$, $C_{dd} = 0$

$S_{uuu} = 169{,}03$, $C_{uuu} = 69{,}03$
$S_{uud} = 119{,}12$, $C_{uud} = 19{,}12$
$S_{ddu} = 83{,}95$, $C_{ddu} = 0$
$S_{ddd} = 59{,}17$, $C_{ddd} = 0$

Jahr 0 — Jahr 0,25 — Jahr 0,5 — Jahr 0,75

---

[5] Mit 150 Zeitintervallen ergibt sich mit dem Binomialmodell ein Put-Preis von EUR 12,95.

Der Preis der Call-Option nach zwei Aufwärtsbewegungen kann folgendermaßen bestimmt werden:

$$c_{uu} = \frac{0{,}4493 \times \text{EUR } 69{,}03 + 0{,}5507 \times \text{EUR } 19{,}12}{e^{0{,}02 \times 0{,}25}} = \text{EUR } 41{,}34 \ .$$

Der mit der Rückwärtsinduktion berechnete Preis von EUR 41,34 liegt unterhalb des ausgeübten Werts der Kaufoption von EUR 41,90 (= EUR 141,90 − EUR 100), sodass die Call-Option ausgeübt über einen höheren Wert verfügt. Daher wird der Preis von EUR 41,90 im Binomialbaum eingetragen. Die übrigen Call-Preise im Binomialbaum überschreiten jeweils den ausgeübten Wert, was zu einem Preis für die amerikanische Kaufoption von EUR 12,56 führt:[6]

$$c_{ud} = \frac{0{,}4493 \times \text{EUR } 19{,}12 + 0{,}5507 \times \text{EUR } 0}{e^{0{,}02 \times 0{,}25}} = \text{EUR } 8{,}55 \ ,$$

$$c_u = \frac{0{,}4493 \times \text{EUR } 41{,}90 + 0{,}5507 \times \text{EUR } 8{,}55}{e^{0{,}02 \times 0{,}25}} = \text{EUR } 23{,}42 \ ,$$

$$c_d = \frac{0{,}4493 \times \text{EUR } 8{,}55 + 0{,}5507 \times \text{EUR } 0}{e^{0{,}02 \times 0{,}25}} = \text{EUR } 3{,}82 \ ,$$

$$c_0 = \frac{0{,}4493 \times \text{EUR } 23{,}42 + 0{,}5507 \times \text{EUR } 3{,}82}{e^{0{,}02 \times 0{,}25}} = \text{EUR } 12{,}56 \ .$$

Aufgabe 8

Die Bewertungsparameter sind: $S_0 = 28$, $X = 30$, $\sigma = 0{,}25$, $q = 0{,}04$, $r_{F,s} = 0{,}02$ und $\Delta t = 0{,}5 \, (= 1{,}5/3)$. Mit dem Ansatz von gleichen (symmetrischen) risikoneutralen Wahrscheinlichkeiten lassen sich die folgenden Auf- und Abwärtsparameter bestimmen:

$$u = e^{\left(0{,}02 - 0{,}04 - \frac{0{,}25^2}{2}\right) \times 0{,}5 + 0{,}25 \times \sqrt{0{,}5}} = 1{,}1632 \ ,$$

$$d = e^{\left(0{,}02 - 0{,}04 - \frac{0{,}25^2}{2}\right) \times 0{,}5 - 0{,}25 \times \sqrt{0{,}5}} = 0{,}8168 \ .$$

Die risikoneutralen Wahrscheinlichkeiten einer Auf- bzw. Abwärtsbewegung belaufen sich auf je 50 %, was zu folgenden Werten für die Aktie und die amerikanische Put-Option (in EUR) im Drei-Perioden-Binomialbaum führt:

---

[6] Mit 150 Zeitintervallen resultiert mit dem Binomialmodell ein Preis für die amerikanische Call-Option von EUR 11,54.

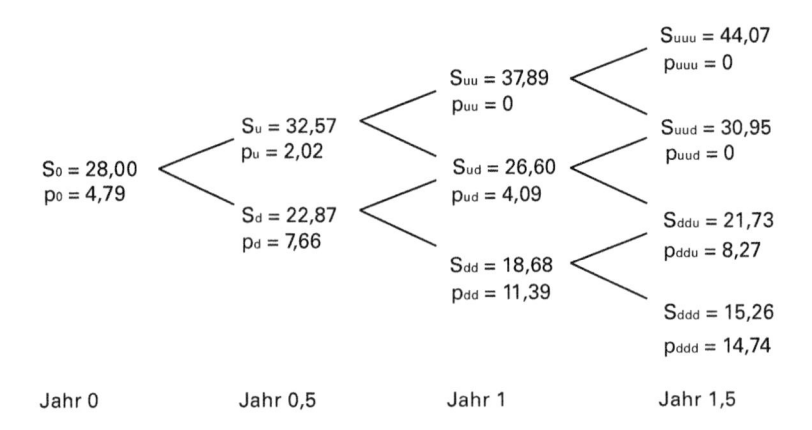

```
                                                    S_uuu = 44,07
                                                    p_uuu = 0
                            S_uu = 37,89
                            p_uu = 0
        S_u = 32,57                                 S_uud = 30,95
        p_u = 2,02                                  p_uud = 0
S_0 = 28,00                 S_ud = 26,60
p_0 = 4,79                  p_ud = 4,09
        S_d = 22,87                                 S_ddu = 21,73
        p_d = 7,66                                  p_ddu = 8,27
                            S_dd = 18,68
                            p_dd = 11,39
                                                    S_ddd = 15,26
                                                    p_ddd = 14,74

Jahr 0        Jahr 0,5        Jahr 1        Jahr 1,5
```

Da am Ende jeder Periode der berechnete Optionspreis über dem ausgeübten Wert liegt, kann der Preis der amerikanischen Put-Option von EUR 4,79 mithilfe der Rückwärtsinduktion wie folgt bestimmt werden:[7]

$$p_{uu} = \frac{0,5 \times \text{EUR } 0 + 0,5 \times \text{EUR } 0}{e^{0,02 \times 0,5}} = \text{EUR } 0,$$

$$p_{ud} = \frac{0,5 \times \text{EUR } 0 + 0,5 \times \text{EUR } 8,27}{e^{0,02 \times 0,5}} = \text{EUR } 4,09,$$

$$p_{dd} = \frac{0,5 \times \text{EUR } 8,27 + 0,5 \times \text{EUR } 14,74}{e^{0,02 \times 0,5}} = \text{EUR } 11,39,$$

$$p_{u} = \frac{0,5 \times \text{EUR } 0 + 0,5 \times \text{EUR } 4,09}{e^{0,02 \times 0,5}} = \text{EUR } 2,02,$$

$$p_{d} = \frac{0,5 \times \text{EUR } 4,09 + 0,5 \times \text{EUR } 11,39}{e^{0,02 \times 0,5}} = \text{EUR } 7,66,$$

$$p_{0} = \frac{0,5 \times \text{EUR } 2,02 + 0,5 \times \text{EUR } 7,66}{e^{0,02 \times 0,5}} = \text{EUR } 4,79.$$

Aufgabe 9

a) Die Bewertungsparameter für die Berechnung des DAX-Call-Preises anhand des erweiterten Black/Scholes-Modells lauten: $S_0 = 10.470$, $X = 10.500$, $\sigma = 0,25$, $q = 0,026$, $r_{F,s} = 0,001$ und $T = 0,2548 \ (= 93/365)$. Die Standardnormalvariablen d_1 und d_2 können folgendermaßen ermittelt werden:

$$d_1 = \frac{\ln\left(10.470 \times e^{-0,026 \times 0,2548}/10.500\right) + \left(0,001 + 0,25^2/2\right) \times 0,2548}{0,25 \times \sqrt{0,2548}}$$

$$= -0,01006,$$

$$d_2 = -0,01006 - 0,25 \times \sqrt{0,2548} = -0,13625.$$

---

[7] Mit 150 Zeitintervallen ergibt sich mit dem Binomialmodell ein Put-Preis von EUR 4,92.

Mit der Microsoft-Excel-Funktion „STANDNORMVERT" ergeben sich Werte für $N(d_1)$ von 0,49599 und $N(d_2)$ von 0,44581. Somit lässt sich der DAX-Call-Preis von 478,91 Punkten wie folgt berechnen:

$$c_0 = 10.470 \times e^{-0,026 \times 0,2548} \times 0,49599 - \text{EUR } 10.500 \times e^{-0,001 \times 0,2548} \times 0,44581$$
$$= 478,91 \ .$$

b) Mithilfe der Put-Call-Parität lässt sich ein DAX-Put-Preis von 575,37 Punkten ermitteln:

$$p_0 = 478,91 + 10.500 \times e^{-0,001 \times 0,2548} - 10.470 \times e^{-0,026 \times 0,2548} = 575,37 \ .$$

c) Das Delta der DAX-Call-Option beträgt 0,4927:

$$\text{Delta}_{\text{DAX Call}} = e^{-qT} N(d_1) = e^{-0,026 \times 0,2548} \times 0,49599 = 0,4927 \ .$$

Das Gamma der DAX-Call-Option von 0,0003 kann wie folgt bestimmt werden:

$$N'(d_1) = \frac{1}{\sqrt{2\pi}} e^{-d_1^2/2} = \frac{1}{\sqrt{2 \times 3,141159}} \times e^{-0,01006^2/2} = 0,39899 \ ,$$

$$\text{Gamma}_{\text{DAX Call}} = \frac{N'(d_1) e^{-qT}}{S_0 \sigma \sqrt{T}} = \frac{0,39899 \times e^{-0,026 \times 0,2548}}{10.470 \times 0,25 \times \sqrt{0,2548}} = 0,0003 \ .$$

Das Vega der Dax-Call-Option liegt gemäß dem erweiterten Black/Scholes-Modell bei 2094,75:

$$\text{Vega} = S_0 \sqrt{T} N'(d_1) e^{-qT} = 10.470 \times \sqrt{0,2548} \times 0,39899 \times e^{-0,026 \times 0,2548}$$
$$= 2094,75 \ .$$

Wird das Vega von 2094,75 durch 100 dividiert, gelangt man zu einer Optionspreissensitivitätsgröße für die Volatilität von 20,9475. Verändert sich die Volatilität um 1 %, so bewegt sich der DAX-Call-Preis um 20,95 Punkte.

Das Rho von 1184,84 kann wie folgt ermittelt werden:

$$\text{Rho}_{\text{DAX Call}} = XTe^{-rT} N(d_2) = 10.500 \times 0,2548 \times e^{-0,026 \times 0,2548} \times 0,44581$$
$$= 1184,84 \ .$$

Wird das Rho von 1184,84 durch 100 dividiert, erhält man einen Rho-Wert von 11,8484. Steigt zum Beispiel der Zinssatz um 1 %, so nimmt der DAX-Call-Preis um 11,85 Punkte zu.

Schließlich kann das Theta mithilfe des erweiterten Black/Scholes-Modells folgendermaßen bestimmt werden:

$$\text{Theta}_{\text{Call}} = -\frac{S_0 N'(d_1) \sigma e^{-qT}}{2\sqrt{T}} + qS_0 N(d_1) e^{-qT} - r_{F,s} X e^{-r_{F,s}T} N(d_2)$$

$$= -\frac{10.470 \times 0{,}39899 \times 0{,}25 \times e^{-0{,}026 \times 0{,}2548}}{2 \times \sqrt{0{,}2548}} + 0{,}026 \times 10.470$$

$$\times 0{,}49599 \times e^{-0{,}026 \times 0{,}2548} - 0{,}001 \times 10.500 \times e^{-0{,}001 \times 0{,}2548} \times 0{,}44581$$

$$= -898{,}19 \,.$$

Wird das berechnete Theta von $-898{,}19$ durch 365 Kalendertage dividiert, gelangt man zu einem negativen Theta von 2,46 ($= -898{,}19/365$). Somit fällt nach Ablauf eines Tages, wenn alles andere gleich bleibt, der Call-Preis um 2,46 Punkte.

d) Die Veränderung des DAX-Call-Preises lässt sich mit der Taylor-Reihenentwicklung bei einer Zunahme des DAX um 100 Punkte annäherungsweise wie folgt berechnen:

$$\Delta c = 0{,}4927 \times 100 + 0{,}5 \times 0{,}0003 \times (100)^2 = 50{,}77 \,.$$

Demnach erhöht sich der DAX-Call-Preis von 478,91 Punkten auf 529,68 Punkte.

Aufgabe 10

1. Aussage ist richtig. Ein Fiduciary Call setzt sich aus einer Long-Call-Option und einer Long-Nullkuponanleihe zusammen, während ein Protective Put aus einer Long-Put-Option und einer Long-Aktie besteht. Die Put-Call-Parität gilt nur für europäische Optionen mit gleichem Basiswert, Ausübungspreis und gleicher Restlaufzeit. Für amerikanische Optionen resultiert daraus eine Ungleichung.
2. Aussage ist falsch. Anhand der Put-Call-Parität lässt sich synthetisch eine europäische Long-Call-Option nachbilden, indem man einen Long Put, eine Long-Aktie und eine Short-Nullkuponanleihe eingeht.
3. Aussage ist falsch. Das Binomialmodell sowie auch das Trinomialmodell können für die Preisberechnung von europäischen und amerikanischen Optionen eingesetzt werden. Bei amerikanischen Optionen ist an jedem Knotenpunkt des Binomialbaums zu entscheiden, ob die Option ausgeübt oder nicht ausgeübt einen höheren Wert besitzt. Ist der Wert bei Ausübung (also der innere Wert) größer als der berechnete Optionspreis, ist Letzterer mit dem ausgeübten Wert zu ersetzen.
4. Aussage ist falsch. Das Hedge Ratio ist $-$ Delta. Bei einer Zunahme des Aktienkurses nimmt das negative Delta der Long-Put-Option ab, was zu einem niedrigeren Hedge Ratio und somit zu einer kleineren Anzahl an Long-Aktien führt. Hierbei handelt es sich um eine dynamische Absicherungsstrategie.
5. Aussage ist richtig. Am Geld liegende Optionen besitzen ein höheres Gamma als Optionen, die aus dem Geld sind.

6. Aussage ist richtig. Bei der Absicherung des Deltarisikos einer Long-Call-Option mit Short-Aktien verbleibt ein positives Gamma. Somit entsteht bei Aktienpreisänderungen infolge des positiven Gammas ein Gewinn.
7. Aussage ist falsch. Für jedes Risiko im Optionsportfolio ist eine Option mit unterschiedlichem Ausübungspreis und unterschiedlicher Restlaufzeit erforderlich. Allerdings müssen sich Optionen des Portfolios und der Absicherungsstrategie auf den gleichen Basiswert beziehen.
8. Aussage ist falsch. Long-Call-Optionen haben ein positives Delta, ein positives Gamma, ein positives Vega, ein positives Rho und ein negatives Theta.
9. Aussage ist falsch. Nimmt die Restlaufzeit einer am Geld liegenden Long-Call-Option ab, geht das positive Vega zurück, da sich infolge der verkürzten Restlaufzeit die Chance verringert, dass die Kaufoption im Geld endet.
10. Aussage ist falsch. Long-Optionen besitzen ein positives Gamma, das eine Gewinnchance und keine Verlustgefahr darstellt. Das Deltarisiko ist für weit im Geld liegende Long-Optionen am höchsten, weil sie absolut betrachtet über ein Delta von 1 verfügen (Call ein Delta von 1 und Put ein Delta von − 1). Da sich die Optionen nahe bei Fälligkeit befinden und weit im Geld sind, ist der Zeitwert relativ gering, sodass das Vega, Rho und Theta entsprechend klein sind und somit vernachlässigt werden können. Des Weiteren ist das Theta keine Risikogröße, da sich die Zeit nicht unerwartet verändern kann.

Aufgabe 11

a) Das Deltarisiko der Long-Call-Position kann mit 35.030 Short-Aktien neutralisiert werden:

$$\text{Anzahl Aktien} = -0{,}5988 \times 58.500 = -35.029{,}8 \,.$$

Steigt der Aktienkurs der Deutschen Bank AG um EUR 2, ergibt sich auf der Short-Aktienposition ein Verlust von EUR 70.060 (= −35.030 × EUR 2). Bei der Long-Call-Position hingegen entsteht ein Gewinn von EUR 84.298,50, der anhand der Taylor-Reihenentwicklung annäherungsweise wie folgt berechnet werden kann:

$$\text{Gewinn}_{\text{Long Call}} = 58.500 \times \left[0{,}5988 \times \text{EUR } 2 + 0{,}5 \times 0{,}1217 \times (\text{EUR } 2)^2\right] = \text{EUR } 84.298{,}50 \,.$$

Die Gesamtposition weist einen Gewinn von EUR 14.238,50 auf:

Gewinn auf Long-Call-Position	EUR 84.298,50
Verlust auf Short-Aktienposition	−EUR 70.060,00
Total	= EUR 14.238,50

Das Deltarisiko ist eliminiert [Gewinn der Long-Call-Position von EUR 70.059,60 (= 58.500 × 0,5988 × EUR 2) abzüglich Verlust der Short-Aktienposition von

EUR 70.060]. Der Gewinn der Strategie von EUR 14.238,50 geht auf die positive Gamma-Komponente von EUR 14.238,90 [= 58.500 × 0,5 × 0,1217 × (EUR 2)²] zurück.

b) Das Deltarisiko der Short-Put-Position kann mit 18.937 Short-Aktien beseitigt werden:

$$\text{Anzahl Aktien} = -(0{,}4012) \times 47.200 = -18.936{,}6\,.$$

Auf der Short-Aktienposition resultiert bei einer Zunahme des Aktienkurses von EUR 2 ein Verlust von EUR 37.874 (= −18.937 × EUR 2). Bei der Short-Put-Position hingegen entsteht ein Gewinn von EUR 26.384,80, der anhand der Taylor-Reihenentwicklung annäherungsweise wie folgt ermittelt werden kann:

$$\text{Gewinn}_{\text{Short Put}} = 47.200 \times \left[(0{,}4012) \times \text{EUR}\,2 + 0{,}5 \times (-0{,}1217) \times (\text{EUR}\,2)^2\right]$$
$$= \text{EUR}\,26.384{,}80\,.$$

Die Gesamtposition weist einen Verlust von EUR 11.489,20 auf:

Verlust auf Short-Aktienposition	−EUR 37.874,00
Gewinn auf Short-Put-Position	EUR 26.384,80
Total	= −EUR 11.489,20

Das Deltarisiko ist zwar eliminiert [Gewinn der Short-Put-Position von EUR 37.873,28 (= 47.200 × (0,4012) × EUR 2) abzüglich Verlust der Short-Aktienposition von EUR 37.874], aber aufgrund des negativen Gammas der Short-Put-Position ergibt sich ein Verlust von EUR 11.488,48 [= 47.200 × 0,5 × (−0,1217) × (EUR 2)²]. Der Nettoverlust der Strategie beträgt demnach EUR 11.489,20 (= EUR 37.873,28 − EUR 37.874 − EUR 11.488,48).

Aufgabe 12

Um das Delta-, Gamma- und Vegarisiko des Optionsportfolios zu beseitigen, ist folgendes lineares Gleichungssystem für die drei Optionsrisiken erforderlich, wobei F_1, F_2 und F_3 für die Anzahl der 1., 2. und 3. Call-Option stehen:

$$-4000 + 0{,}5031 \times F_1 + 0{,}5563 \times F_2 + 0{,}4637 \times F_3 = 0\,,$$
$$-100 + 0{,}0108 \times F_1 + 0{,}0129 \times F_2 + 0{,}0098 \times F_3 = 0\,,$$
$$-4500 + 0{,}5122 \times F_1 + 0{,}4262 \times F_2 + 0{,}5578 \times F_3 = 0\,.$$

Wird das lineare Gleichungssystem nach F_1, F_2 und F_3 aufgelöst, erhält man für diese drei Parameter die folgenden Werte:

$$F_1 = -51.816 \,,$$
$$F_2 = 21.113 \text{ und}$$
$$F_3 = 39.515 \,.$$

Demnach sind für den 1. Call 51.816 Short-Optionen, den 2. Call 21.113 Long-Optionen und den 3. Call 39.515 Long-Optionen notwendig, um das Delta-, Gamma- und Vegarisiko im Portfolio zu eliminieren.

Portfoliomanagement

Lösungen zu Kapitel 16 „Portfoliomanagementprozess"

Aufgabe 1

Risikoziele: Die berufliche Erwerbstätigkeit (Derivatehändler), die Hobbies (Gleitschirmspringen) und das nichtdiversifizierte Portfolio deuten auf eine hohe Risikobereitschaft des Kunden hin. Die gegenwärtige Risikotragfähigkeit ist aufgrund der erwarteten Kapitalabfindung für die Ehefrau (Hälfte des Vermögens von EUR 1,4 Mio.), die künftigen Ausbildungskosten von jährlich EUR 20.000 pro Kind und die über dem Einkommen liegenden Lebenshaltungskosten eher gering. Die Diskrepanz zwischen hoher Risikobereitschaft und relativ geringer Verlusttragfähigkeit führt zu einer unterdurchschnittlichen Risikotoleranz.

Liquidität: Die erwarteten Liquiditätsbedürfnisse sind aufgrund der bevorstehenden Scheidung und der Ausbildungskosten hoch. Ebenfalls übersteigen die Lebenshaltungskosten das gegenwärtige Einkommen, was einen unmittelbaren Liquiditätsbedarf zur Folge hat.

Anlagehorizont: Der Anlagezeitraum des Kunden ist lang, weil er lediglich 40 Jahre alt ist. Der Investitionshorizont setzt sich aus zwei Phasen zusammen. Die erste Phase dauert 25 Jahre und endet mit der Berufstätigkeit. Die zweite Phase beginnt im Alter von 65 Jahren und endet mit dem Tod (ungefähr 15 bis 20 Jahre).

Aufgabe 2

a) Risikoziele: Die Risikobereitschaft des Ehepaares Müller ist aufgrund ihrer Unzufriedenheit mit der hohen Portfoliovolatilität und dem Wunsch, nicht mehr als 10 % des Portfoliowerts in 1 Jahr zu verlieren, als unterdurchschnittlich einzustufen.

Die Risikotragfähigkeit kann als durchschnittlich bezeichnet werden. Die Vermögenslage und der lange Anlagehorizont weisen auf eine überdurchschnittliche Risikotragfähigkeit hin, während die jährlichen Lebenshaltungskosten von CHF 120.000 das Erwerbseinkommen nach Steuern von CHF 117.000 (= CHF 180.000 ×0,65) übersteigen. Die Differenz von CHF 3.000 muss durch die erwartete Portfoliorendite gedeckt werden, was die Risikotragfähigkeit vermindert.

Die Risikotoleranz kann wegen der geringen Risikobereitschaft und der durchschnittlichen Risikotragfähigkeit am ehesten als unterdurchschnittlich definiert werden.

Renditeziele: Die Renditezielsetzung umfasst das Wachstum des Portfoliowertes, um die künftigen Ausbildungskosten der Kinder und den Ruhestand in 20 Jahren zu finanzieren. Zusätzlich sind die durch das Erwerbseinkommen nicht gedeckten Lebenshaltungskosten von CHF 3.000 pro Jahr zu berücksichtigen. Der Barwert der jährlichen Nettoausgaben von CHF 40.771 kann folgendermaßen ermittelt werden:

$$\text{Barwert der jährlichen Nettoausgaben} = \sum_{t=1}^{20} \frac{\text{CHF } 3.000}{(1{,}04)^{20}} = \text{CHF } 40.771 \,.$$

Der heutige Vermögenswert von CHF 1.229.229 berechnet sich wie folgt (in CHF):

Barwert der jährlichen Nettoausgaben	−40.771
Erbschaft	1.000.000
Portfolio von Aktien und Anleihen	200.000
Aktien des Beratungsunternehmens Delta AG	250.000
Geldmittel	20.000
Anzahlung für den Wohnungskauf	−200.000
Heutiger Vermögenswert	= 1.229.229

Die Rendite vor Steuern beträgt 3,613 %:

$$\text{Rendite vor Steuern} = \left(\frac{\text{CHF } 2.500.000}{\text{CHF } 1.229.229}\right)^{1/20} - 1 = 3{,}613\,\% \,.$$

Um einen Vermögenswert von CHF 2,5 Mio. in 20 Jahren zu erreichen, ist eine jährliche Rendite nach Steuern von 5,558 % erforderlich:

$$\text{Rendite nach Steuern} = \frac{3{,}613\,\%}{(1-0{,}35)} = 5{,}558\,\% \,.$$

Eine Anpassung der Rendite an die Inflation ist nicht notwendig, da angenommen wird, dass sich die Inflation der Lebenshaltungskosten und des Erwerbseinkommens gegenseitig aufhebt.

b) Anlagehorizont: Der Anlagehorizont besteht aus zwei Phasen. Die erste Phase dauert 20 Jahre und ist durch die Erwerbstätigkeit von Klaus Müller und durch die universitären Ausbildungskosten der Kinder gekennzeichnet. Die zweite Phase beginnt mit dem Ruhestand und endet mit dem Tod des Ehepaares.

Liquidität: Die unmittelbaren Liquiditätsbedürfnisse umfassen die Anzahlung des Wohnungskaufs von CHF 200.000.

Steuern: Der Steuersatz von 35 % bezieht sich sowohl auf das Erwerbseinkommen als auch auf die Kapitalerträge und -gewinne.

Besondere Gegebenheiten: Die Aktienbeteiligung am Beratungsunternehmen Delta AG von CHF 250.000 entspricht rund 20 % des heutigen Vermögenswertes von CHF 1.229.229. Diese Risikokonzentration ist durch eine bessere Diversifikation der Vermögenswerte in Zukunft zu vermindern.

Der Wunsch, keine Aktien und Anleihen der Kriegs- und Waffenindustrie im Portfolio zu halten, stellt eine Anlagerestriktion dar.

Aufgabe 3

a) Die Zielallokation in Aktien beläuft sich auf EUR 120:

$$V_{S,\,Ziel} = 1{,}5 \times (\text{EUR } 200 - \text{EUR } 120) = \text{EUR } 120\,.$$

Demnach besteht das Portfolio aus einer Aktienposition von EUR 120 und einer risikolosen Anlage von EUR 80 (= EUR 200 − EUR 120), was einer Allokation von 60 %/40 % entspricht.

b) Geht der Aktienmarkt um 20 % zurück, fällt der Wert der Aktienposition im Portfolio auf EUR 96 [= EUR 120 × (1 − 0,2)]. Das Portfolio setzt sich aus einer Aktienposition von EUR 96 und einer risikolosen Anlage von EUR 80 zusammen. Somit liegt der Portfoliowert bei EUR 176 (= EUR 96 + EUR 80).

Die Zielallokation in Aktien von EUR 84 kann wie folgt berechnet werden:

$$V_{S,\,Ziel} = 1{,}5 \times (\text{EUR } 176 - \text{EUR } 120) = \text{EUR } 84\,.$$

Demnach sind Aktien zu einem Wert von EUR 12 zu verkaufen, sodass die Position von EUR 96 auf EUR 84 abnimmt. Mit dem Verkaufserlös von EUR 12 ist die risikolose Anlage von EUR 80 auf EUR 92 aufzustocken. Die Allokation zwischen Aktien und der risikolosen Anlage beträgt nach dieser Umschichtung rund 48 %/52 %.

Aufgabe 4

a) Beim Aktienanteil im Portfolio sind zum einen der Bestand um EUR 28 Mio. (= EUR 182 Mio. − EUR 154 Mio.) zu vermindern und zum anderen das Beta von 1,2 auf 0,7 zu reduzieren. Um den Aktienanteil um EUR 28 Mio. zu verringern, ist eine Short-Position von 127 DAX-Futures notwendig:

$$N_F = \left(\frac{0 - 1{,}2}{0{,}98}\right) \times \left(\frac{\text{EUR } 28.000.000}{10.800 \times \text{EUR } 25}\right) = -127\,.$$

An die neue Aktienposition von EUR 154 Mio. ist nun das Beta von 1,2 auf 0,7 anzupassen, was eine Short-Position von 291 DAX-Futures erfordert:

$$N_F = \left(\frac{0{,}7 - 1{,}2}{0{,}98}\right) \times \left(\frac{\text{EUR } 154.000.000}{10.800 \times \text{EUR } 25}\right) = -291\,.$$

Für die temporäre Anpassung der Aktienposition im Portfolio werden insgesamt 418 Short-DAX-Futures [= −127 + (−291)] benötigt. Mit den 127 Short-DAX-Futures wird der Aktienanteil um EUR 28 Mio. reduziert, während mit den 291 Short-DAX-Futures die Risikoexposition bzw. das Beta adjustiert wird.

In einem nächsten Schritt ist der Anleiheanteil im Portfolio sowie dessen Risikoexposition zu verändern. Um den Anleiheanteil um EUR 28 Mio. zu erhöhen, ist eine Long-Position von 154 Euro-Bund-Futures erforderlich (die synthetische Cash-Position hat eine Duration von 0,25):

$$N_F = \left(\frac{7,2 - 0,25}{8,8}\right) \times \left(\frac{\text{EUR } 28.000.000}{1,58 \times \text{EUR } 100.000}\right) \times 1,1 = 154 \ .$$

Die modifizierte Duration ist auf der neuen Anleiheposition von EUR 126 Mio. von 7,2 auf 6,1 zu reduzieren, was zu einer Short-Position von 110 Euro-Bund-Futures führt:

$$N_F = \left(\frac{6,1 - 7,2}{8,8}\right) \times \left(\frac{\text{EUR } 126.000.000}{1,58 \times \text{EUR } 100.000}\right) \times 1,1 = -109,7 \ .$$

Damit sowohl der Anleihebestand als auch die Risikoexposition gemäß den Zielvorgaben verändert werden kann, sind insgesamt 44 Long-Euro-Bund-Futures [= 154 + (−110)] notwendig.

b) Der Wert der synthetischen Asset-Allokation beläuft sich nach 3 Monaten auf EUR 278,722 Mio.:

Long-Aktienposition [EUR 182 Mio. × (1 − 0,03)]	EUR 176.540.000
Long-Anleiheposition [EUR 98 Mio. × (1 + 0,02)]	EUR 99.960.000
Short-Position in DAX-Futures	EUR 2.090.000
[−418 × (10.600 − 10.800) × EUR 25]	
Long-Position in Euro-Bund-Futures	EUR 132.000
[44 × (EUR 161.000 − EUR 158.000)]	
Wert des Portfolios	= EUR 278.722.000

Der Wert des Portfolios, dessen Asset-Allokation mit dem Verkauf von Aktien und dem Kauf von Anleihen von je EUR 28 Mio. angepasst wurde, beträgt nach 3 Monaten EUR 277,9 Mio.:

Long-Aktienposition [EUR 154 Mio. × (1 − 0,03)]	EUR 149.380.000
Long-Anleiheposition [EUR 126 Mio. × (1 + 0,02)]	EUR 128.520.000
Wert des Portfolios	= EUR 277.900.000

Die Wertdifferenz zwischen den zwei Ausführungsstrategien liegt bei EUR 822.000. In Prozent vom Portfoliowert beträgt die Abweichung 0,3 % (= EUR 882.000/ EUR 277.900.000).

Aufgabe 5

$$\text{jährlich erwartete Rendite des Portfolios} = \frac{4\% + 8\% + 5{,}5\% + 2\% + 6{,}5\%}{5}$$
$$= 5{,}2\%$$
$$\text{jährlich erwartete Rendite der Benchmark} = \frac{6\% + 3\% + 7{,}5\% + 4\% + 2\%}{5}$$
$$= 4{,}5\%$$

Die Renditedifferenzen zwischen dem Portfolio und der Benchmark bzw. die aktiven Renditen sind: $-2\%, 5\%, -2\%, -2\%, 4{,}5\%$.

$$\text{durchschnittliche aktive Rendite} =$$
$$\frac{-2\% + 5\% - 2\% - 2\% + 4{,}5\%}{5} = 0{,}7\%$$

Standardabweichung der aktiven Renditen =

$$\sqrt{\frac{1}{5-1} \times \begin{bmatrix}(-0{,}02 - 0{,}007)^2 \times (0{,}05 - 0{,}007)^2 \times (-0{,}02 - 0{,}007)^2 \\ + (-0{,}02 - 0{,}007)^2 \times (0{,}045 - 0{,}007)^2\end{bmatrix}}$$
$$= 0{,}037014$$

$$\text{Information Ratio} = \frac{0{,}052 - 0{,}045}{0{,}037014} = 0{,}189$$

Die aktive Rendite des Portfolios von 0,7 % ist auf die Entscheidungen des Managers zurückzuführen, die Gewichte der Anlagen im Portfolio im Vergleich zur Benchmark zu verändern und die fehlbewerteten Titel auszuwählen. Die positive Information Ratio von 0,189 bedeutet, dass eine aktive Rendite von 0,189 % für eine zusätzliche Einheit von 1 % des aktiven Risikos resultiert. Bei Evaluationen des Managers wird eine Information Ratio größer als 0,5 als „gut" eingestuft.

Aufgabe 6

a)

$$\text{Portfoliorendite} = 0{,}2 \times 9\% + 0{,}4 \times 7\% + 0{,}2 \times 4\% + 0{,}2 \times 9\% = 7{,}2\%$$

Benchmarkrendite =

$$0{,}325 \times 6\% + 0{,}268 \times 8\% + 0{,}184 \times (-10\%) + 0{,}223 \times 8\% = 4{,}038\%$$

$$\text{aktive Rendite} = 7{,}2\% - 4{,}038\% = 3{,}162\%$$

b)

reine Sektorallokation =
$(0{,}20 - 0{,}325) \times (0{,}06 - 0{,}04038) + (0{,}40 - 0{,}268) \times (0{,}08 - 0{,}04038)$
$+ (0{,}20 - 0{,}184) \times (-0{,}10 - 0{,}04038) + (0{,}20 - 0{,}223) \times (0{,}08 - 0{,}04038)$
$= -0{,}00038$

Titelauswahl innerhalb des Sektors =
$0{,}325 \times (0{,}09 - 0{,}06) + 0{,}268 \times (0{,}07 - 0{,}08) + 0{,}184 \times [0{,}04 - (-0{,}10)]$
$+ 0{,}223 \times (0{,}09 - 0{,}08) = 0{,}03506$

Sektorallokation/Titelauswahl-Interaktion =
$(0{,}20 - 0{,}325) \times (0{,}09 - 0{,}06) + (0{,}40 - 0{,}268) \times (0{,}07 - 0{,}08)$
$+ (0{,}20 - 0{,}184) \times [0{,}04 - (-0{,}10)] + (0{,}20 - 0{,}223) \times (0{,}09 - 0{,}08)$
$= -0{,}00306$

Die Performance-Attribution kann wie folgt dargestellt werden:

Renditen:
Benchmark	4,038 %
Reine Sektorallokation	−0,038 %
Titelauswahl innerhalb des Sektors	3,506 %
Sektorallokation/Titelauswahl-Interaktion	−0,306 %
Aktive Portfoliorendite	3,162 %
Portfolio	7,200 %

Die aktive Portfoliorendite von 3,162 % geht hauptsächlich auf die Fähigkeiten des Portfoliomanagers zur Titelauswahl zurück (3,506 %).

Lösungen zu Kapitel 17 „Passives, aktives und semiaktives Portfoliomanagement"

Aufgabe 1

a) Die prognostizierten aktiven Renditen lassen sich mit dem einfachen Skalierungsverfahren von Grinold $\left(\alpha_i = IC\sigma_{\alpha_i}S_i\right)$ wie folgt bestimmen:

$$\alpha_1 = 0{,}2 \times 20\% \times 1 = 4\%,$$
$$\alpha_2 = 0{,}2 \times 30\% \times 1 = 6\%,$$
$$\alpha_3 = 0{,}2 \times 20\% \times (-1) = -4\%,$$
$$\alpha_4 = 0{,}2 \times 30\% \times (-1) = -6\%.$$

b) Die Prognoseanzahl bzw. die Anzahl unabhängiger Einzelprognosen beträgt 4 (BR = 4), während sich das aktive Portfoliorisiko auf 6 % ($\sigma_{\varepsilon,P} = 0{,}06$) beläuft. Nachstehend sind die optimalen aktiven Gewichte der einzelnen Anlagen aufgeführt, die der Anlagepolitik eines maximalen aktiven Portfoliorisikos von 6 % Rechnung tragen.

$$\Delta w_1^* = \left(\frac{0{,}04}{0{,}2^2}\right) \times \left(\frac{0{,}06}{0{,}2 \times \sqrt{4}}\right) = 0{,}15,$$
$$\Delta w_2^* = \left(\frac{0{,}06}{0{,}3^2}\right) \times \left(\frac{0{,}06}{0{,}2 \times \sqrt{4}}\right) = 0{,}10,$$
$$\Delta w_3^* = \left(\frac{-0{,}04}{0{,}2^2}\right) \times \left(\frac{0{,}06}{0{,}2 \times \sqrt{4}}\right) = -0{,}15,$$
$$\Delta w_4^* = \left(\frac{-0{,}06}{0{,}3^2}\right) \times \left(\frac{0{,}06}{0{,}2 \times \sqrt{4}}\right) = -0{,}10.$$

Die ersten beiden Anlagen weisen ein positives aktives Gewicht auf, während die Anlagen drei und vier aufgrund des negativ erwarteten Alphas negative aktive Gewichte besitzen. Die Summe der aktiven Gewichte ist 0 %.

© Springer Fachmedien Wiesbaden GmbH 2017
E. Mondello, *Lösungen zum Lehrbuch Finance*, DOI 10.1007/978-3-658-17924-3_16

c) Das erwartete aktive Portfoliorisiko liegt bei 6 %:

$$\sigma_{\varepsilon,P} = \sqrt{0{,}15^2 \times 0{,}2^2 + 0{,}1^2 \times 0{,}3^2 + (-0{,}15)^2 \times 0{,}2^2 + (-0{,}1)^2 \times 0{,}3^2} = 0{,}06 \,.$$

Die erwartete aktive Portfoliorendite beläuft sich auf 2,4 %:

$$\alpha_P = 0{,}15 \times 4\,\% + 0{,}1 \times 6\,\% + (-0{,}15) \times (-4\,\%) + (-0{,}1) \times (-6\,\%) = 2{,}4\,\% \,.$$

Die Information Ratio beträgt 0,4:

$$\text{IR} = \frac{2{,}4\,\%}{6\,\%} = 0{,}4 \,.$$

Aufgabe 2

a) Die Gewichte der einzelnen Anlagen im Portfolio ergeben sich aus dem Benchmarkgewicht und dem optimalen aktiven Gewicht. So zum Beispiel betragen das Gewicht der ersten Anlage 40 % (= 25 % + 15 %) und die erwartete Rendite 12 % (= 8 % + 4 %). Nachstehend sind die Benchmark- und Portfoliogewichte sowie die erwarteten Renditen der vier Anlagen aufgeführt:

Anlagen	Gewichte im Benchmarkportfolio	Gewichte im Portfolio	Erwartete Anlagerenditen
1	25 %	40 %	12 %
2	25 %	35 %	14 %
3	25 %	10 %	4 %
4	25 %	15 %	2 %
Total	100 %	100 %	

b) Die erwartete Portfoliorendite beträgt 10,4 %:

$$r_P = 0{,}4 \times 12\,\% + 0{,}35 \times 14\,\% + 0{,}1 \times 4\,\% + 0{,}15 \times 2\,\% = 10{,}4\,\% \,.$$

Wird von der erwarteten Portfoliorendite von 10,4 % die erwartete Benchmarkrendite von 8 % abgezogen, erhält man die erwartete aktive Rendite des Portfolios von 2,4 % (= $\alpha_P = r_P - r_B = 10{,}4\,\% - 8\,\%$).

c) Das erwartete aktive Risiko des Portfolios beläuft sich auf 6 %:

$$\sigma_{\varepsilon,P} = \sqrt{0{,}15^2 \times 0{,}2^2 + 0{,}1^2 \times 0{,}3^2 + (-0{,}15)^2 \times 0{,}2^2 + (-0{,}1)^2 \times 0{,}3^2} = 0{,}06 \,.$$

Gemäß dem elementaren Grundgesetz des aktiven Portfoliomanagements lässt sich die erwartete aktive Rendite des Portfolios von 2,4 % mithilfe des erwarteten Informationskoeffizienten von 0,2, der Prognoseanzahl von 4 und des erwarteten aktiven Portfoliorisikos von 6 % wie folgt berechnen:

$$\alpha_P = \text{IC}\sqrt{\text{BR}}\sigma_{\varepsilon,P} = 0{,}2 \times \sqrt{4} \times 0{,}06 = 0{,}024 \,.$$

Die erwartete Information Ratio von 0,4 (= 0,024/0,06) kann anhand des elementaren Grundgesetzes des aktiven Portfoliomanagements mit dem erwarteten Informationskoeffizienten von 0,2 und der Prognoseanzahl von 4 folgendermaßen bestimmt werden:

$$\text{IR} = \text{IC}\sqrt{\text{BR}} = 0{,}2 \times \sqrt{4} = 0{,}4 \ .$$

Aufgabe 3

a) Die maximal mögliche Sharpe Ratio für den aktiv gesteuerten Gamma-Aktienfonds liegt bei 0,388:

$$\text{SR}_P = \sqrt{\text{SR}_B^2 + \text{IR}_P^2} = \sqrt{0{,}333^2 + 0{,}2^2} = 0{,}388 \ .$$

b) Das optimale aktive Gewicht des Portfolios beträgt 12,61 %:

$$\sigma_{r_A} = \frac{\text{IR}}{\text{SR}_B} \sigma_{r_B} = \frac{0{,}2}{0{,}333} \times 21\,\% = 12{,}61\,\% \ .$$

Das kombinierte Portfolio besteht aus dem Gamma-Aktienfonds mit einem Gewicht von 140,1 % (= 12,61 %/9 %) und dem HDAX mit einem Gewicht von −40,1 % (= 100 % − 140,1 %). Mit diesen Gewichten lässt sich die maximale Sharpe Ratio von 0,388 erreichen. Die erwartete aktive Rendite des Gamma-Aktienfonds beläuft sich auf 2,5 % (= 1,401 × 1,8 %). Das kombinierte Portfolio weist somit eine erwartete Rendite über den risikolosen Zinssatz von 9,5 % (= 7 % + 2,5 %) auf. Das Gesamtrisiko des Portfolios von 24,5 % kann wie folgt ermittelt werden:

$$\sigma_P = \sqrt{0{,}21^2 + 0{,}1261^2} = 0{,}245 \ .$$

Demnach ist die Sharpe Ratio 0,388:

$$\text{SR}_P = \frac{9{,}5\,\%}{24{,}5\,\%} = 0{,}388 \ .$$

Aufgabe 4

a) Der Informationskoeffizient IC lässt sich mit folgender Formel berechnen, wobei in der Aufgabe die Standardabweichungen der realisierten und der prognostizierten aktiven Renditen gleich groß sind $\left(\sigma_{r_{A_i}} = \sigma_{\varepsilon,i}\right)$:

$$\text{IC} = \rho\left(\frac{r_{A_i}}{\sigma_{r_{A_i}}}, \frac{\alpha_i}{\sigma_{\varepsilon,i}}\right) \ .$$

Ein Manager verfügt über einen hohen Informationskoeffizienten, wenn die prognostizierten aktiven Renditen eine hohe Korrelation mit den realisierten aktiven Renditen aufweisen. Die risikogewichteten prognostizierten und realisierten Renditen lauten wie folgt:

Anlagen	$\alpha_i/\sigma_{\varepsilon,i}$			$r_{A_i}/\sigma_{r_{A_i}}$
	Manager 1	Manager 2	Manager 3	
1	0,100	0,200	0,200	0,250
2	0,250	0,250	0,167	0,583
3	0,250	0,063	0,063	0,313
4	0,167	0,100	0,100	0,067

Der Investmentmanager 2 besitzt den höchsten Informationskoeffizienten von 0,653. Die Informationskoeffizienten für alle drei Manager sind:

	Manager 1	Manager 2	Manager 3
Informationskoeffizient	0,593	0,653	0,327

b) Der Übertragungskoeffizient kann folgendermaßen bestimmt werden:

$$TC = \rho\left(\alpha_i/\sigma_{\varepsilon,i}, \Delta w_i \sigma_{\varepsilon,i}\right).$$

Die risikogewichteten prognostizierten aktiven Renditen lauten wie folgt:

	$\alpha_i/\sigma_{\varepsilon,i}$		
Anlagen	Manager 1	Manager 2	Manager 3
1	0,100	0,200	0,200
2	0,250	0,250	0,167
3	0,250	0,063	0,063
4	0,167	0,100	0,100

Die risikogewichteten aktiven Gewichte können folgendermaßen aufgeführt werden:

	$\Delta w_i \sigma_{\varepsilon,i}$		
Anlagen	Manager 1	Manager 2	Manager 3
1	−0,050	0,060	−0,020
2	0,006	0,000	0,012
3	0,016	−0,024	0,016
4	0,030	−0,045	−0,030

Der Investmentmanager 1 hat den höchsten Übertragungskoeffizienten von 0,671. Nachstehend sind die Übertragungskoeffizienten aller drei Manager zusammengefasst:

	Manager 1	Manager 2	Manager 3
Übertragungskoeffizient	0,671	0,624	−0,250

Aufgabe 5

Die Sharpe Ratio des optimalen Portfolios von 0,5113 kann wie folgt berechnet werden:

$$\text{SR}_{\text{OP}} = \sqrt{\left(\frac{r_M - r_F}{\sigma_M}\right)^2 + \left(\frac{\alpha_A}{\sigma_{\varepsilon,A}}\right)^2} = \sqrt{\left(\frac{0,15 - 0,025}{0,25}\right)^2 + \left(\frac{0,048}{0,45}\right)^2} = 0,5113.$$

Die Sharpe Ratio des optimalen Portfolios beträgt 0,5113 und ist im Vergleich zur Sharpe Ratio des Marktindexportfolios von 0,5 höher. Die Performance des Portfolios hängt von der Qualität der geschätzten Alphas ab. Korrigiert man die prognostizierten Alphas und analysiert eine genügend große Anzahl von Anlagen, lässt sich die Performance mit dem Treynor/Black-Modell gegenüber einer passiven Strategie deutlich verbessern.

Aufgabe 6

a) Im ersten Schritt wird die Zusammensetzung der Aktien in der aktiven Anlagekombination bestimmt. Das Gewicht der Aktie A beläuft sich auf −0,1616:

$$w_{\text{Aktie A}} = \frac{\alpha_{\text{Aktie A}}/\sigma^2_{\varepsilon,\text{Aktie A}}}{\sum_{h=\text{Aktie A}}^N \alpha_h/\sigma^2_{\varepsilon,h}} = \frac{-0,05/(0,5)^2}{1,2375} = -0,1616.$$

Dabei stellt der Nenner $\sum_{h=1}^N \alpha_h/\sigma^2_{\varepsilon,h}$ einen Skalierungsfaktor dar, der sicherstellt, dass die Summe der Gewichte 1 ergibt. Der Nenner berechnet sich wie folgt: $(-0,05/(0,50)^2 + 0,07/(0,4)^2 + 0,04/(0,20)^2) = 1,2375$. Die Gewichte der Aktien B und C können folgendermaßen bestimmt werden:

$$w_{\text{Aktie B}} = \frac{0,07/(0,4)^2}{1,2375} = 0,3535,$$

$$w_{\text{Aktie C}} = \frac{0,04/(0,2)^2}{1,2375} = 0,8081.$$

Nach der Berechnung der Aktiengewichte sind das Ex-ante-Alpha (α_A), das Beta (β_A) und die Standardabweichung der Residualrenditen ($\sigma_{\varepsilon,A}$) des aktiven Portfolios zu ermitteln:

$$\alpha_A = (-0,1616) \times (-0,05) + 0,3535 \times 0,07 + 0,8081 \times 0,04 = 0,065149,$$

$$\beta_A = (-0,1616) \times 1,2 + 0,3535 \times 1,1 + 0,8081 \times 0,9 = 0,92222,$$

$$\sigma_{\varepsilon,A} = \sqrt{(-0,1616)^2 \times (0,5)^2 + (0,3535)^2 \times (0,4)^2 + (0,8081)^2 \times (0,2)^2}$$
$$= 0,229443.$$

Im nächsten Schritt ist das optimale Gewicht des aktiven Portfolios im Gesamtportfolio zu bestimmen:

$$w_0 = \frac{\alpha_A / \sigma_{\varepsilon,A}^2}{(r_M - r_F)/\sigma_M^2} = \frac{0{,}065149/(0{,}229443)^2}{(0{,}15 - 0{,}03)/(0{,}30)^2} = 0{,}92815 ,$$

$$w^* = \frac{w_0}{1 + (1 - \beta_A) w_0} = \frac{0{,}92815}{1 + (1 - 0{,}92222) \times 0{,}92815} = 0{,}86566 .$$

Demnach sind 86,57 % der EUR 10 Mio. in das aktive Portfolio und 13,43 % in das Marktindexportfolio zu investieren. Der Anlagebetrag ist wie folgt auf die drei Aktien und das Marktindexportfolio zu verteilen:

Anlage	Gewicht	Betrag (in EUR)
Aktie A	−0,1399 [= (−0,1616) × 0,8657]	−1.399.000
Aktie B	0,3060 (= 0,3535 × 0,8657)	3.060.000
Aktie C	0,6996 (= 0,8081 × 0,8657)	6.996.000
Aktives Portfolio	0,8657	8.657.000
Marktindexportfolio	0,1343	1.343.000
Total	1,0000	10.000.000

b) Die Sharpe Ratio des optimalen Portfolios liegt bei 0,4905:

$$SR_{OP} = \sqrt{\left(\frac{r_M - r_F}{\sigma_M}\right)^2 + \left(\frac{\alpha_A}{\sigma_{\varepsilon,A}}\right)^2} = \sqrt{\left(\frac{0{,}15 - 0{,}03}{0{,}30}\right)^2 + \left(\frac{0{,}065149}{0{,}229443}\right)^2}$$
$$= 0{,}4905 .$$

Alternativ lässt sich die Sharpe Ratio des optimalen Portfolios wie folgt berechnen:

$$SR_{OP} = \sqrt{\left(\frac{0{,}15 - 0{,}03}{0{,}30}\right)^2 + \left(\frac{-0{,}05}{0{,}50}\right)^2 + \left(\frac{0{,}07}{0{,}40}\right)^2 + \left(\frac{0{,}04}{0{,}20}\right)^2} = 0{,}4905 .$$

Die Sharpe Ratio des Marktindexportfolios beträgt 0,40 [= (0,15 − 0,03)/0,3]. Folglich verbessert sich die Sharpe Ratio der passiven Strategie durch den Einbezug des aktiven Portfolios von 0,40 auf 0,4905, was eine Verbesserung der risikoadjustierten Performance um 22,6 % darstellt.

c) Die M^2-Statistik misst, um wie viele Renditepunkte das optimale Portfolio das Marktportfolio bei identischem Risiko übersteigt.
Die Risikoprämie des Portfolios ($r_P - r_F$), das sich auf der gleichen Kapitalallokationslinie wie das optimale Portfolio befindet und über ein Risiko von σ_M (Risiko des Marktportfolios) verfügt, berechnet sich mithilfe der Sharpe Ratio wie folgt:

$$SR_P = \frac{r_P - r_F}{\sigma_M} \rightarrow r_P - r_F = SR_P \sigma_M = 0{,}4905 \times 0{,}30 = 0{,}1472 .$$

Die M²-Statistik ist die Differenz zwischen den erwarteten Renditen des Portfolios und des Marktportfolios:

$$M^2 = r_P - r_M = (r_p - r_F) - (r_M - r_F) = 14{,}72\,\% - (15\,\% - 3\,\%) = 2{,}72\,\% \,.$$

d) Das nutzenmaximierende Gewicht des optimalen risikobehafteten Portfolios lässt sich mit folgender Formel bestimmen:

$$w^* = \frac{E(r_P) - r_F}{A\sigma_P^2} \,.$$

Um das Risiko des Portfolios zu ermitteln, ist zunächst das Beta des Portfolios (Beta der risikolosen Anlage ist 0) zu berechnen:

$$\beta_P = w_M \beta_M + w_A \beta_A = 0{,}1343 \times 1 + 0{,}8657 \times 0{,}92222 = 0{,}9327 \,.$$

Das Risiko des Portfolios beträgt 36,185 %:

$$\sigma_P = \sqrt{\beta_P^2 \sigma_M^2 + \sigma_{\varepsilon,P}^2} = \sqrt{0{,}9327^2 \times 0{,}30^2 + 0{,}229443^2} = 0{,}36185 \,.$$

Die über den risikolosen Zinssatz hinausgehende erwartete Rendite des Portfolios beläuft sich auf 16,832 %:

$$E(R_P) = \alpha_P + \beta_P E(R_M) = 0{,}8657 \times 0{,}065149 + 0{,}9327 \times (0{,}15 - 0{,}03)$$
$$= 0{,}16832 \,.$$

Demzufolge liegt der prozentuale Anteil des risikobehafteten optimalen Portfolios bei 51,42 %:

$$w^* = \frac{E(r_P) - r_F}{A\sigma_P^2} = \frac{0{,}16832}{2{,}5 \times 0{,}36185^2} = 0{,}5142 \,.$$

Der prozentuale Anteil der risikolosen Anlage ist demnach 48,58 % (= 1 − 0,5142). Das gesamte Portfolio setzt sich wie folgt zusammen:

Anlage	Gewicht
Staatsanleihen	48,58 %
Marktindexportfolio (0,1343 × 0,5142)	6,91 %
Aktives Portfolio (0,8657 × 0,5142)	44,51 %
Total	= 100,00 %

e) Sämtliche Ex-ante-Alphas werden um den Determinationskoeffizienten von 0,4 reduziert. Die Gewichte der drei Aktien im aktiven Portfolio bleiben unverändert. Allerdings verringert sich das Ex-ante-Alpha der aktiven Anlagekombination von 6,5149 % auf 2,606 % (= 0,4 × 6,5149 %). Der Portfoliomanager wird seine Position im aktiven Portfolio auf 37,127 % verringern:

$$w_0 = \frac{\alpha_A/\sigma_{\varepsilon,A}^2}{(r_M - r_F)/\sigma_M^2} = \frac{0,02606/0,229443^2}{(0,15 - 0,03)/0,30^2} = 0,37127.$$

Korrigiert man das Gewicht um das Beta des aktiven Portfolios, resultiert folgendes Gewicht für das aktive Portfolio im Gesamtportfolio:

$$w^* = \frac{w_0}{1 + (1 - \beta_A) w_0} = \frac{0,37127}{1 + (1 - 0,92222) \times 0,37127} = 0,36085.$$

Das Gewicht des Marktindexportfolios beträgt demnach 63,91 % (= 1 − 0,3609). Die Sharpe Ratio des optimalen Portfolios beläuft sich auf 0,4158:

$$SR_{OP} = \sqrt{\left(\frac{r_M - r_F}{\sigma_M}\right)^2 + \left(\frac{\alpha_A}{\sigma_{\varepsilon,A}}\right)^2} = \sqrt{\left(\frac{0,15 - 0,03}{0,30}\right)^2 + \left(\frac{0,02606}{0,229443}\right)^2}$$
$$= 0,4158.$$

Die Sharpe Ratio des optimalen Portfolios von 0,4158 ist im Vergleich zur Sharpe Ratio des Marktindexportfolios von 0,40 höher. Allerdings reduziert der um den Determinationskoeffizienten korrigierte Alpha-Wert die Sharpe Ratio von 0,4905 auf 0,4158.

Aufgabe 7

a) Der Determinationskoeffizient der Regressionsanalyse von 0,8 misst denjenigen Teil der Portfoliorenditeveränderung, der durch den vorliegenden Anlagestil erklärt werden kann. Somit können 80 % der Portfoliorenditeveränderung auf den Anlagestil „Wachstumsorientierung von US-amerikanischen Aktien mit einer großen Marktkapitalisierung" zurückgeführt werden. Die Abweichung von der passiven Benchmark um 20 % resultiert aus der Aktienauswahl.

b) Der Anlagestil des Portfolios hat sich in den Jahren 2013 bis 2016 gegenüber dem ursprünglichen Anlagemandat wesentlich verändert. Der Regressionskoeffizient des Russell 1000 Large-Cap Growth ist von 0,98 im Jahre 2013 auf 0,89 zurückgegangen. Demgegenüber haben die Regressionskoeffizienten des Russell 1000 Large-Cap Value von 0,01 auf 0,04 und des Russell 2000 Small-Cap Growth von 0,01 auf 0,05 zugenommen.

c) Die Information Ratio des Portfolios beläuft sich auf 0,267:

$$IR = \frac{2\%}{7,5\%} = 0,267.$$

d) Die folgenden Merkmale des Portfolios deuten auf eine wertorientierte Aktienstrategie hin:
- Die durchschnittliche Marktkapitalisierung der Aktien im Portfolio liegt unterhalb derjenigen der Benchmark, was auf einen unterdurchschnittlichen Aktienpreis hinweist.
- Das Kurs-Gewinn-Verhältnis und das Kurs-Buchwert-Verhältnis der Aktien im Portfolio unterschreiten die entsprechenden Preismultiplikatoren in der Benchmark.
- Die 5-jährige Wachstumsrate des Ergebnisses je Aktie von 10 % ist kleiner als die entsprechende langfristige Gewinnwachsrate der Benchmark von 13 %.
- Im Portfolio sind im Vergleich zur Benchmark die Gewichte für die Sektoren Gesundheit und Informationstechnologie kleiner und die Gewichte für die Sektoren Versorgung und Finanzen größer.

Aufgabe 8

a) Der Sicherheits-Spread ist 2,5 % (= 4 % − 1,5 %). Um die Sicherheitsmarge zu berechnen, ist zunächst der geforderte Mindestendwert des Portfolios in 5 Jahren zu ermitteln:

$$\text{EUR } 10.000.000 \times (1{,}015)^5 = \text{EUR } 10.772.840 \,.$$

Das Portfolio kann mit einem Satz von 4 % immunisiert werden, was zum Bewertungszeitpunkt einen geforderten Portfoliowert von EUR 8.854.489 ergibt:

$$\frac{\text{EUR } 10.772.840}{(1{,}04)^5} = \text{EUR } 8.854.489 \,.$$

Somit liegt die Sicherheitsmarge bei EUR 1.145.511 (= EUR 10.000.000 − EUR 8.854.489). Da eine positive Sicherheitsmarge vorliegt, ist der Portfoliowert hoch genug, um den geforderten Mindestwert des Portfolios in 5 Jahren zu decken, sodass das Portfolio aktiv gesteuert werden kann.

b) Der geforderte Mindestwert in 4 Jahren beträgt nach wie vor EUR 10.772.840. Nach 1 Jahr ist die 4-jährige Immunisierungsrendite 3 %, was zu einem geforderten Portfoliowert von EUR 9.571.529 führt:

$$\frac{\text{EUR } 10.772.840}{(1{,}03)^4} = \text{EUR } 9.571.529 \,.$$

Die Sicherheitsmarge beläuft sich auf −EUR 71.529 (= EUR 9.500.000 − EUR 9.571.529). Bei einer negativen Sicherheitsmarge ist die aktive Strategie zugunsten einer Immunisierungsstrategie aufzugeben. Die Zielsetzung der Immunisierungsstrategie besteht darin, in 4 Jahren den geforderten Mindestportfoliowert von EUR 10.772.840 zu erreichen.

Aufgabe 9

Um das Anleiheportfolio zu immunisieren, sind 58 Short-Euro-Bund-Futures notwendig:

$$N_F = \left(\frac{8-10}{8,8}\right) \times \left(\frac{\text{EUR } 35.000.000}{1,5 \times \text{EUR } 100.000}\right) \times 1,1 = -58,3 \ .$$

Printed by Printforce, the Netherlands